# 地名の魔力

惹きつけ、惑わす、不思議な力

今尾恵介

PHP研究所

# 仮想地名「ウサギクボ」が生まれるとき

民俗学の泰斗《たいと》、柳田國男は自著『地名の研究』で地名の定義をこう記しています。

地名とはそもそも何であるかというと、要するに二人以上の人の間に共同に使用せらるる符号である。〔中略〕早い話がわが家の犬ころでも、せっかくハンニバルとかタメルランとかいう立派な名を附けておいても、お客は断りもなくその外形相応にアカとかブチとか呼んでしまう。

ゆえに一部落一団体が一つの地名を使用するまでには、たびたびそこを人が往来するということを前提とするほかにその地名は俗物がなるほどと合点するだけ十分に自然のものでなければならぬのである。

なるほど「二人以上」です。一人なら地名は要りません。「あの場所ね」と自分で認識していればいいので、それをわざわざ固有名詞に置き換えなくてもいいわけです。しかしそれを弟に教えてあげたい状況になったとします。たとえばその場所は窪地であり、かつてウサギが木の根に衝突して気絶したため、労せずして夕食のおかずが得られた縁起の良い場所です。**それを「ウサギクボ」と名付けて弟に伝えたとすれば、安易な命名であるかもしれないけれど、それが地名の発祥です。**

そこへ行く途中には鬱蒼たる森の脇にある湿地——古語ではヌタと呼んだりしますが、そこを通る必要があります。それがたとえば小さな谷を少し入ったところ（入り）だとすれば、イリヌタと名付け、弟に対して滑って転ばぬよう注意喚起をします。

ひと世代ぐらいの時が流れ、その地名はやがて村のみんなが共有するようになって、ここで地名としての地位が確立されました。ところが昼なお暗いイリヌタの地名を、村でもちょっとばかり偉い長老が、「ここを見晴らしが丘と呼ぶことにしよう」などと宣言しても、現地の実態と名前が合わずに普及しません。柳田先生の言うハンニバルです。**「俗物がなるほどと合点するだけ十分に自然のもの」が自然に受け入れられて、後世に伝わっていくわけです。**

さらに時代は流れ、世の中の制度があれこれ構築され、文書に記載する必要が出てきたら、大陸から入ってきた漢字を用いるしかありません。ところが、どの字を当てればよいのでしょうか。大きな山ならオオヤマと呼んでいた地名に「大山」と名付けるのは簡単です。表意文字による当て字です。ところが前述のイリヌタはどうでしょう。入りは「入」でいいとして、ヌタというのはどの字を当てればいいのでしょうか。

村の数少ないインテリである僧侶Aは、ヌタ（湿地）は「沼のある場所」ということから「沼田」と字を当てました（この場合、「田」は田んぼの意味ではなく、「〜の場所」を意味するタへの当て字）。しかし別の村の役人Bは、ヌタの音に万葉仮名（漢字の意味は関係なく音や訓だけを借りて読みを表したもの）として「野田」とするかもしれません。これに「入《いり》」を付けるのですが、入沼田にするか入野田にするか迷うかもしれないし、イリも万葉仮名にして「伊里野田」と凝るか……。

そんなわけで、**日本の古くからの地名は最初に「音」があって長年にわたって口伝**

**によって受け継がれてきました。その後に漢字が入り、これを当てるのが基本形です。**ウサギクボの地名も、「兎窪」と表意文字を当てるか、それともクボだけ良い字を当てて「兎久保」とするか、はたまた「宇佐岐久保」などという当て方をする人がいないとも限りません。

地名とは関係ありませんが、著者が犬の散歩をしていた際に、あちらから、やはり犬連れの女性が歩いてきました。彼女の黒っぽい犬の名前を尋ねたら「シロといいます」と言うではありませんか。なぜ黒い犬がシロなのかといえば、実は前に飼っていた先代の犬が白犬のシロ君だったそうです。彼が天に昇った後で来たのがその黒っぽい子だったのです。どうしても襲名したかったのでしょう。

地名にもそんな例はあります。たとえば浜辺にあったはずの「浜」つき地名が、後世の海岸の前進によって内陸になってしまったものや、かつては中心部から見て西に位置しており、市域の西にあった横浜市西区が、後の市域拡張でむしろ東側に位置するようになった近現代の事例もあります。

歴史の長い地名の中には、縁起を担いだ支配者の命名でまったく異なるものに置き換えられたり、長年にわたる発音の変化によって原型が「摩耗」して発音が変形してしまうことも珍しいことではありません。別の字に換えることなど日常茶飯事です。

**地名はさまざまな状況で命名され、それがいろいろな都合で変化し、追加され、統廃合され、あるいは復活し、またあるものは消えていきます。**それら古代から現代までの地名を、いろいろな側面から取り上げたのが本書です。いずれも新聞や雑誌での地名に関する連載原稿をこの機に手を加え、並べてみました。連載の事情から東京に偏しているのは申し訳なくもありますが、そのあたりを諒解いただければ幸いです。ただ、通信社の要請に従って書いた東京の地名に関する連載を、北海道から沖縄までのいくつもの新聞社が取り上げてくれたのは嬉しく思いました。東京の個々の地名であっても、テーマはかなりの割合で普遍的なものだからかもしれません。

拙著が奥深い地名の世界に興味を持っていただくきっかけとなれば、望外の喜びです。

2024（令和6）年8月　今尾恵介

目次

## 第2章 「平成の大合併」が変えた地名
### ――人あるところ、忖度あり

# 第3章

# 消えた東京の地名
## ――23区編

# 第4章 変わりゆく東京の地名
## ——三多摩編

# 第5章

# 一目瞭然！地名を見ればわかること

第1章

# ああ、紛らわしき日本の地名

——ところ変われば、名も変わる

# 変化する「方言読み」

## ――「鶴舞」はツルマかツルマイかツルミャアか?

### 薩摩弁が「よそ行き」に?

鹿児島県の大隅半島に位置する笠《かさ》野《の》原《はら》は広大なシラス台地で、大規模な国営灌漑《かんがい》事業が行われたことで知られる。私が高校生の頃には教科書にも載っていたのではないだろうか。

九州の地名で「原」の字はハル（バル）と読むのが普通なので、カサノハラという読みは例外なのかと思い、明治期の地形図を見たら「カサンバイ」のルビが振ってあった。カサンバイだけでなく、周辺には土持堀《ツツモチボイ》、平堀《ヘラボイ》、鳥巣《トイノス》といった、いかにも薩摩

鹿児島県の大隅半島に位置する笠野原（かさのはら）も、明治期の地図にはカサンバイのルビが。ほかの地名も堂々たる薩摩弁
（1:50,000「鹿屋」1902・明治35年測図）

弁らしいルビが見える。これは私の想像だが、口語レベルでカサンバイと発音している人も、国営事業で中央省庁との折衝があったためか、**東京の人たちに配慮した「よそ行き」の読みに変えてしまったのではないだろうか。**

## 「方言読み」に変えた地名も

**逆に方言読みに変わったと思われるのが、三重県尾鷲《おわせ》市である。かつてはオワシが正式だったそうだが、1954（昭和29）年の市制施行を機に、オワセと改めた。**地元ではオワシェと発音していることを尊重したようだ。駅名も1959（昭和34）年に、市名に合わせて「おわし」から「おわせ」に改称している。

兵庫県相生《あいおい》市も、かつての読みは相生《おお》（旧仮名遣いではアウ）であった。現在の読みになったのは1939（昭和14）年のことである。

名古屋市昭和区にある100年以上の歴史を持つ**鶴舞《つるま》公園も、最寄り駅は鶴舞《つるまい》駅、所在地は鶴舞《つるまい》一丁目だ。ただし鶴舞《つるま》小学校は公園と同じ読みというように、統一されていない。**1909（明治42）年に小字《こあざ》のツルマ（カタカナ表記）に漢字が当てられた際に「鶴舞」になり、その字に引きずられて「つるまい」の公式の読みに転じたようだ。ツルのつく地名は水辺によく見られるもので、これに好字《こうじ》を当てたのだろう。名古屋市内のある講座で私がこの話を取り上げ、ツルマとツルマイのどちらが本来の発音かに言及したところ、受講者の方が「ツルミャアです」と正しい発音を示してくれた。細かいことを言えば標準語の「ミャア」とも違うので、正しい発音を知りたければネイティブスピーカーに話してもらうしかないのである。

方言の発音を反映させるのは難しい。

# 当て字や作字で表した「方言漢字」

## 自前の漢字を創ってしまえ！

埼玉県八潮市には、垳《がけ》という地名がある。**初めて地図で目にした時に珍しい字だと思ったら、全国で唯一、ここにしか使われていないという。**周囲は低地が続いているので、ガケといっても川の流れが侵食した段差であろう。垳村の名で江戸時代の文書に登場するから、当時の誰かが字を考えたと思われる。国字（日本で作られた漢字）研究で知られる早稲田大学の笹原宏之教授（国語学）は、これらを**「方言漢字」**と名付けた。現代では自前の字を作るなど考えにくいが、永井荷風の小説『濹東綺譚《ぼくとうきだん》』の「濹」の字は、江戸時代の儒学者である林述斎《はやしじゅっさい》が作った。**サンズイに墨の字で「隅田川」を意味する字を作ってしまったのである。**

　神奈川県の「湘南」も、字こそ作られていないが、用法としてはその類だろう。相模川を「湘」で表したのである。**ルーツは中国湖南省の洞庭湖に注ぐ湘水《しょうすい》で、その南方一帯の景勝地「湘南」にあやかったものだ。**相模川が南下して注ぐ相模湾沿岸を湘南と表現したのである。これは逗子に住んでいた徳冨蘆花《とくとみろか》の随筆に登場してから広まったという。漢語風にすると高級感が醸し出された時代ならではの命名で、福岡県と大分県の境界を成して流れる山国《やまぐに》川をさかのぼった渓谷が「耶馬渓《やばけい》」と呼ばれるようになったのも、江戸後期の文人であった頼山陽《らいさんよう》が呼んで以来である。

## 地名を見れば、地形がわかる

　さて、圷や濹ほど稀少でなくても、全国には一部地域のみで集中して用いられる地名や字がある。たとえば「乢《たわ》」のつく地名。国土地理院が提供する「地理院地図」で検索してみると約50カ所にのぼるが、そのほとんどが岡山県の、中でも備前と美作《みまさか》に

ほぼ岡山県に限定される「乢」の字が用いられた、
久米郡美咲町東垪和（ひがしはが）にある才の乢（さいのたわ）（2014年著者撮影）

集中している。これに接する地域（備中ではなく、兵庫県宍粟《しそう》市）に例外が数カ所ある程度だ。**乢は峠を意味する国字で、ツクリのしが山のたわんだ部分を表わしているという。**

　水戸以北の茨城県内にほぼ限定されている「圷《あくつ》」も、土偏に下の字が示す通りで、ほとんどが川沿いの低地に付けられている。那珂《なか》市の鹿島台と鹿島《かしま》圷《あくつ》は、台地と低地のペア地名だ。東海村の石神《いしがみ》外《と》宿《じゅく》では、久慈川沿いの圷と、台地上の塙《はなわ》がペア地名だが、この「塙」も分布の中心は茨城県で、文字通り相対的に高い土地に名付けられている。他県では「花輪」の字を当てた地名が多く、アクツには、阿久津、明津などの当て字が多い。

## 水を得やすい土地に付けた「水流」の当て字

字そのものは珍しくないが、山口県（周防《すおう》・長門《ながと》）にほぼ限定されるのが「浴《えき》」のつく地名である。「谷」からさらに脇へ入った小さな谷を意味するらしく、地名もすべて小字《こあざ》レベルだ。浴の分布域はちょっと変わっていて、島根県南西部（浜田市のうち旧三隅町《みすみちょう》）にも、飛地のように存在している。その飛地と本体の間、つまり島根県益田市周辺に分布するのが「溢」の字だ。こちらも「えき」と読むので、**何らかの都合でこの地域だけ浴ではなく溢の字を選んだのだろう。**

「水流《つる》」という地名は、九州の宮崎県と鹿児島県だけに存在する。かつて宮崎県の延岡駅から五ヶ瀬川《ごかせがわ》沿いを高千穂駅まで走っていた高千穂鉄道（旧国鉄高千穂線）には、川水流《かわずる》駅もあった。水流の地名は文字通り川沿いに多く、利水の便が良く、しかも水はけも良い土地に付くという。ただし水流は当て字に過ぎず、先の2県を除けば、「津留《つる》」という表記が九州では福岡、佐賀、大分、熊本の各県に分布していて、お互い重複していないのは興味深い。

**われわれの先祖は、当て字や作字を駆使して、自らの地名を表現したのである。**ツルの地名に漢字を当てるに際して、「水流」とするか「鶴」あるいは「津留」とするか。選択の基準はよくわからないが、**最終的には広域に影響を及ぼす有力人物の「漢字に対する感覚」によって決定したのではないだろうか。**

# 濁点はお嫌いですか?

## 「マツザカギュウ」と聞かされた日には

大学生の頃に富士川を「ふじがわ」と読んで、地元・静岡出身の友人に「ふじかわ」だと訂正されたことがある。濁っちゃダメだと。県内の安倍川《あべかわ》も同様だ。**静岡県を流れる川は固有名詞の部分に濁音があれば「かわ」と読み、清音だけなら「がわ」になると教わった。**

なるほど天竜《てんりゅう》(川《がわ》)、大井《おおい》(川《がわ》)の固有名詞の部分に濁音はない。友人だから訂正してくれたけれど、普通は他郷の人間が誤読しても、黙っているだろう。「マツザカギュ

JR松阪（まつさか）駅の駅名標。市名も濁らず「まつさか」だ
（2019年著者撮影）

ウ」と聞かされる時の三重県松阪《まつさか》市民の耳の中も、違和感に満ちているに違いない。**松阪牛のウェブサイトの「Q&A」欄の冒頭に「まつざかぎゅう」の読み方が誤りであることを掲げているほど**だから、日頃からよほど気になっているのだろう。

## 「獄《ごく》」のイメージを嫌って

故意に濁音を避けた地名もあって、たとえば高知県南国《なんこく》市。高知市の東隣に1959（昭和34）年の合併で誕生した市であるが、気候が温暖で大気が澄み、住民の気質明朗というイメージから命名されたという。**普通に読めば「なんごく」であるが、「ごく＝獄」という音のイメージを嫌って、清音にしたという。**山梨県の須玉町《すたまちょう》（現北杜市《ほくと》）も、１９９０（平成2）年にわざわざ「すだま」の濁点を外す改称を行った。

東京都荒川区には、東尾久《おぐ》・西尾久の町名がある。いずれも「おぐ」と濁るが、JR東北線の尾久《おく》駅は、１９２９（昭和4）年の開業時から清音だ。「野暮」「野暮天」のルーツとされる（異説もあり）谷保《やぼ》天満宮・谷保天神のある東京都国立市谷保《やほ》も、**正式には「やほ」だが、地元の人は「やぼ」と読む人が多いし、谷保天満宮に至っては「やぼ」と濁るのが正式だ。**

横浜市の西部にあるJR・東急の長津田《ながつた》駅の読みは、わりと近くに長く住んでいた著者は子どもの頃から「ながつだ」と信じて疑わなかった。調べてみると地元の町名も駅名と同じ清音の「ながつた」というから自信が揺らいだが、インターネットで検索してみたら、これをわざわざ実地に調べた人がおり、地元でも3分の1ほどが末尾を濁ったそうだ。

地名の読みが必ずしも統一されていないのは、正式名称にかかわらず「ちょう」と「まち」が混在している事例と共通で、それほど目くじらを立てるほどのことでもないだろう。

## 日本で唯一、半濁点で始まる地名

中には珍しく半濁点から濁点に変わった地名もある。

北海道の宗谷《そうや》本線にある美深《びふか》駅はかつて「ぴうか」と読んだ。それを1951（昭和26）年に町名ともども現在の読みに改めたのである。元はアイヌ語由来で「石の多い場所」を意味するが、漢字に引っ張られたらしい。ずっと以前に美深町役場に直接電話して問い合わせたこともあるが、地元の高齢者の中には「ぴうか」と「びふか」の間をとった「ぴふか」と呼ぶ人もいるとのことだった。

ちなみに現在の日本の全市町村の中で、同じ**宗谷本線沿線の比布《ぴっぷ》町が、半濁点で始まる唯一の自治体**である。

# 神戸と神田

## ――古い地名は読み方も多彩

### 「こうべ」は少数派

「神戸」といえば日本有数の国際貿易港であり、兵庫県庁のある政令指定都市だ。誰もが疑いもなくコウベと読むが、**全国を見渡してみると、神戸という地名を「こうべ」と読むのはむしろ少数派である。**

ためしに日本中の町名・大字《おおあざ》をすべて網羅した『角川日本地名大辞典』で検索してみると、見出しにある31の「神戸」の地名の中で「こうべ」と読むのは、この兵庫県神戸市だけで、他の多くが「かんべ」もしくは「ごうど」である。

同辞典によれば、「かんべ」と読むのは千葉・愛知（2カ所）・三重（4）・兵庫・愛媛の9カ所、「ごうど」が群馬（2）・埼玉（3）・神奈川（2）・山梨・長野（3）・岐阜・静岡・愛知の計14カ所にのぼる。これに加えて、語頭が濁らない「こうど」が和歌山県。さらに両者を折衷したような「かんど」が愛知・鳥取、静岡の各県に1カ所ずつあり、他にも「じんご」「かど」「かのと」が見える。

ずいぶんとバリエーションが豊富だが、**神戸の意味するところは、いずれも古代律令制において、その土地の租庸調《そようちょう》（税）を神社運営費に充てた民戸《みんこ》を指す。**

## 「かんだ」と呼ばないで

**神社を維持するための田んぼに由来するのが「神田」という地名である。**知名度では東京の神田がトップかもしれないが、こちらも由来が古いせいか読み方がいくつかある。

「ん」と撥音便《はつおんびん》にせず「かみだ」と読むのは、大阪府寝屋川市の神田（中神田町など）で、縮まったのが愛知県設楽町《したらちょう》の「かだ」。濁らず「かんた」なのは福島県矢吹町である。

**西日本に多いのは「こうだ」で、京都市出身の歌手・倖田來未《こうだくみ》さんの本名も、神田《こうだ》來未子さんという。この姓の人はおそらく数限りなく「カンダさん」と間違えられてきたに違いない。**

神田の読み方はもう少しあって、群馬県藤岡市は重箱読みの「じんだ」で、富山県に2カ所あるのは「じんでん」と音読み。埼玉県さいたま市桜区の「じんで」はその短縮形だろうか。

簡単に読めそうな地名も、長い歴史の中で方言の読み方を含めて保存されるものもあれば、地方色を嫌ってよそ行きの読み方に変えるもの、または意識せずに徐々に転《てん》訛《か》するなどさまざまだ。

# 一関と一ノ関、四谷と四ツ谷

## ――混乱する表記

### 「の・ノ・之」「っ・ッ」が混在

岩手県一関市《いちのせき》には、東北新幹線と在来線の「一ノ関」駅があり、東京都新宿区四谷には「四ツ谷」駅と「四谷三丁目」駅、神奈川県鎌倉市由比ガ浜《ゆいがはま》には江ノ島電鉄「由比ヶ浜」駅がある。いずれも地名と駅名が同じ読み方なのに、表記が異なるものだ。このような例は全国に数多い。

最初に挙げた一関という地名は、平安時代の合戦「前九年の役」の頃に設けられた関所、または用水の「一堰」にちなむとする説などがある。いずれにせよ「の」という助詞で関・堰を説明する形だが、**一関と同様に、陸奥国《むつのくに》や武蔵国《むさしのくに》など、「の」を表記しない地名は多い。**一関の場合は城下町から明治以降の自治体名に至るまで助字の「ノ」は入っていないが、駅名については１８９０(明治23)年に日本鉄道奥州線として開業した時から今日に至るまで、ずっと「一ノ関」である。ただし同じ日本鉄道でも、１８９４(明治27)年開業の八戸《はちのへ》(現八戸線本八戸、現青森県八戸市)駅は当初「八ノ戸」という表記で、国有化された翌年の１９０７(明治40年)11月１日に八戸と改めた。

ついでながらこの日には、他に同じ青森県の三ノ戸《さんのへ》駅が三戸駅(東北本線→現青い森鉄道、現南部町)に、岩手県の一ノ戸《いちのへ》駅が一戸駅(東北本線→現ＩＧＲいわて銀河鉄道、現一戸町)に、千葉県の四ツ街道《よつかいどう》駅が四街道駅(現総武本線、現四街道市)、福岡県の宇ノ島《うのしま》駅が宇島駅(現日豊《にっぽう》本線)にといっせいに助字を削除している。東北から九州に及んでいるから、これは当時の鉄道行政を担当していた逓信省鉄道局の方針だったのだろうか。

**神奈川県藤沢市の江ノ島は、そこに鎮座する江島《えのしま》神社と同様にかつては「江島」だったが、「えじま」と誤読されがちなので、古くから「の・ノ・之」を用いて正しい読みに誘導したようだ。**前出の江ノ島電鉄も創業当初は「江之島電気鉄道」と、「之」の字を用いていた。同電鉄の現在の「江ノ島」駅に対して、湘南モノレールの駅は「湘

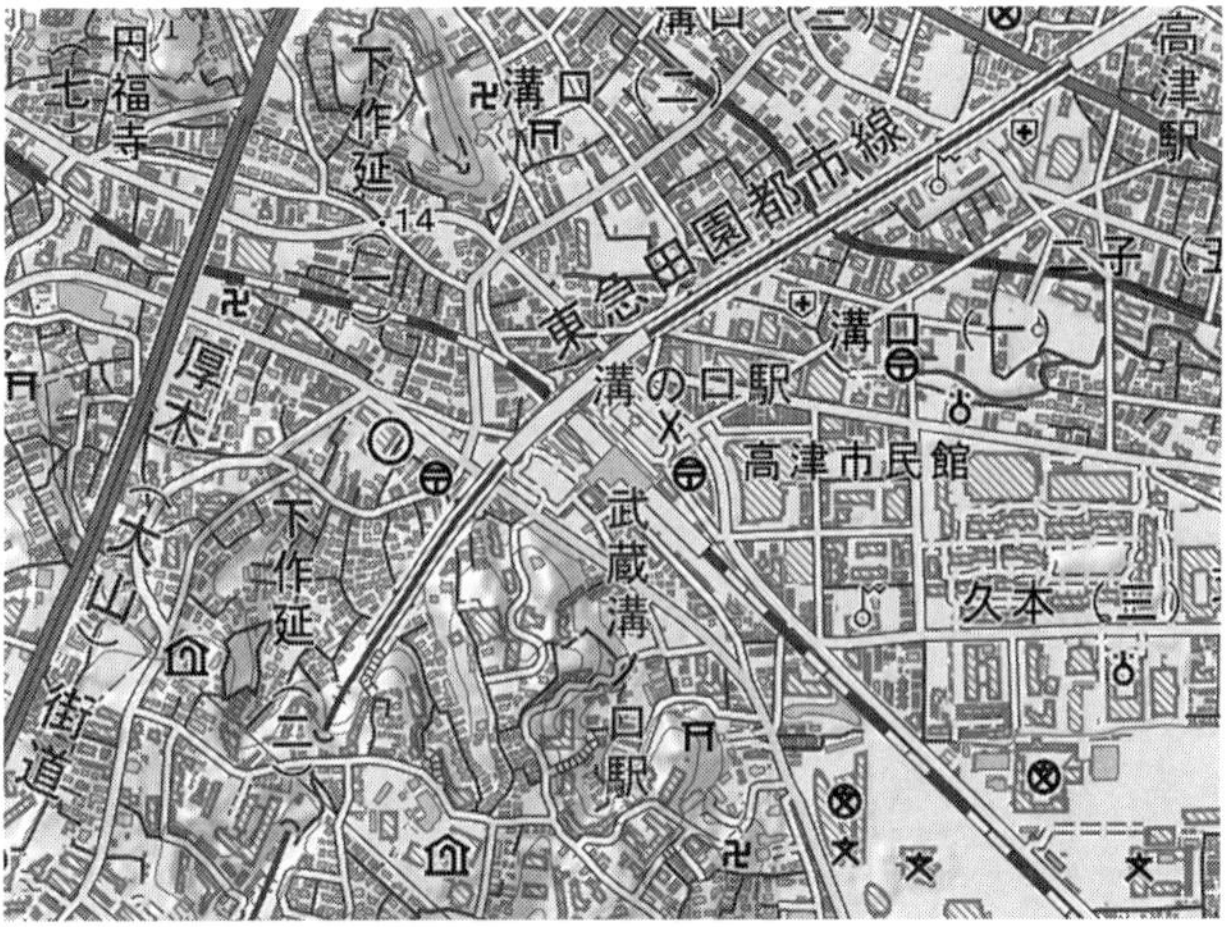

JR南武線の武蔵溝ノ口、東急田園都市線の溝の口、町名の川崎市高津区溝口と3通りの「みぞのくち」が混在する（地理院地図2022年10月10日DL）

南江の島」、町名は「江の島」と、今も統一はされていない。

　同じように東京メトロ丸ノ内線は千代田区丸の内を走っているし、大阪メトロ四つ橋線の四ツ橋《よつばし》駅も同様だ。**川崎市高津《たかつ》区の溝口《みぞのくち》には、JR「武蔵溝ノ口」駅と、東急の「溝の口」駅があり、3通りの表記が同居している。**

## 「ケ」の表記も大小もまちまち

**「ケ」は物を数える文字「个《か》」（箇の略体）が「ケ」に似ているため代用されたもので、これが「の」と同じような役割を果たしている。**

東京都世田谷《せたがや》区や埼玉県熊谷《くまがや》市などは「ケ」を書かないが、神奈川県茅ヶ崎《ちがさき》市、由比ガ浜、南希望が丘（横浜市旭区）のように、表記は多様だ。「ケ」の大小もまちまちで、全国市町村要覧によると、埼玉県鶴ヶ島《つるがしま》市、長野県駒ヶ根《こまがね》市のような小さい「ヶ」と、茨城県龍ケ崎《りゅうがさき》市、鎌ケ谷《かまがや》市などの大きい「ケ」が混在しており、すべて大文字に揃えているＪＲの駅名とは、しばしば食い違っている。茅ヶ崎市にある東海道本線の茅ケ崎駅、駒ヶ根市の駒ケ根駅などがその例だ。常磐線の佐貫駅から２０２０（令和２）年に改称した茨城県の龍ケ崎市駅は市名と同じだが、そこを起点とする関東鉄道竜ヶ崎線は、線名も終着の竜ヶ崎駅も小さい「ヶ」だし、竜の字も市名と異なっている。

　混乱といえば混乱だが、これも地名の奥の深さだろうか。ついでながら、**ＪＲ茅ケ崎駅の駅舎に取り付けられた表示は「茅ヶ崎駅」だから、プラットホームの駅名標と食い違うという不徹底ぶりだ。**こちらは無意識なのか、それとも市名への忖度の結果なのか。東京都心の市ヶ谷も、ＪＲと東京メトロが市ケ谷駅であるのに対して、都営地下鉄新宿線は市ヶ谷駅である。おまけに新宿区の町名は「市谷田町」「市谷本村町」など助字がない。

# 「まち」か「ちょう」か

## 「町」の字の読みに法則性はない

東京の神田神保町《じんぼうちょう》。「じんぼまち」と読んでは、日本一の古書店街の響きはなくなってしまう。

**町の字を「まち」と読むか「ちょう」と読むかは必ずしも法則性がなく、結局は覚えるしかないのが難しいところだ。**最寄りの神保町駅から都営地下鉄新宿線に乗れば、隣は小川町《おがわまち》駅だし、その次は岩本町《いわもとちょう》駅である。

もちろん都市によっては法則があり、たとえば京都市の旧市街では町名は「ちょう」

と読む一方で、通り名は河原町《かわらまち》通、丸太町《まるたまち》通のように「まち」だ（少数の例外はある）。

仙台市では、足軽や町人の居住地を町《まち》、侍の住むところは丁《ちょう》と分けて誤読を避けられたが、戦後の町名変更によって、東一番丁を「一番町《ちょう》」などと変えたため、わかりにくくなった。惜しいことをしたものである。

## 東日本は「まち」、北海道と西日本は「ちょう」が優勢

**これら市内の町の他に、自治体としての町もある。こちらの読みは、東日本に「まち」が多く、北海道と西日本は「ちょう」が優勢、九州は県によって違う、という傾向はある。**

それでも例外は多く、たとえば道内で唯一「まち」と読む森町、同じく静岡県でも森町だけ「まち」だ。岩手県は「まち」が六つ、「ちょう」が九つあり、同じ三陸海岸沿いでも山田町《まち》の隣が大槌町《おおつちちょう》と統一されていない。佐賀県には大町町《おおまちちょう》という自治体もある。江戸時代以降、大町村と称していたが、1936（昭和11）年に町制施行した。2010（平成22）年までは長崎県に鹿町町《しかまちちょう》（現佐世保市）もあった。

## ゆれがあって当たり前

筆者が住んでいる市内の栄町は、正式には「さかえまち」だが、地元の多くは「さかえちょう」と呼んでいて、誰も問題視していない。

『角川日本地名大辞典』の凡例には、「町（まち・ちょう）、山（やま・さん）などの読みについてゆれのある場合は、一律に『ちょう』『さん』に統一した」としているから、そのような事例が多い証拠だろう。

日本では相手の発言を遮ってまで「まちじゃなくて、ちょうです」などと訂正を求めない。ゆれはデジタル化にそぐわないかもしれないが、それを容認しながら進めればよいのではないか。

# 東西南北も、そう単純ではない

## 穏便に済まそうとしたけれど

「平成の大合併」の頃から、続々と政令指定都市が増えている。２０１２（平成24）年４月１日には熊本市が政令指定都市に移行し、中央区・東区・西区・南区・北区が設置された。**最近の行政区名の傾向としては、既存の地名を区名にすれば何かと波風が立つということだろうか、いずこも東西南北で「穏便」に済まそうという傾向が強い。**

ところが東西南北は相対的な概念なので、具体的な行政区の線引きをすると、どうしても多少の不具合が出てくる。

たとえば、横浜市の西区（1944年に中区から分区）といえば、横浜駅や「みなとみらい」のある地域だ。現在の市域全体から見れば誰が見ても東に位置するが、これは幕末に開港した旧市街の西側、と解釈するのが正しい。

## 「大塚の北に南大塚がある」という珍現象

さて、東京・山手線の大塚駅周辺の町名は、線路を境に北側が豊島区北大塚、南側が南大塚にくっきりと分けられている。ところが南大塚のさらに南には文京区大塚が接しているのだ。

そもそも1969（昭和44）年まで、大塚駅の所在地は大塚ではなく豊島区西巣鴨二丁目であったのを、住居表示の実施を機に、線路の南北で南大塚・北大塚と改めてしまったのが原因だ。おそらく、文京区と豊島区の担当者が連絡を取り合わなかったために、「大塚の北に南大塚がある」という珍現象を引き起こしてしまったのだろう。

# 上流・下流で異なる川の名前

## 名を変えながら下っていく川

日本一長い川といえば、全長367キロの信濃川。ただしその名称は新潟県内に限られ、長野県内では千曲川《ちくまがわ》と呼ばれている。同じような例は他にもあって、紀伊半島を流れる熊野川は、三重・和歌山両県の境界をなす河口付近はその名であるが、奈良県までさかのぼれば十津川《とつかわ》となる。和歌山市に注ぐ紀ノ川《きのかわ》(紀の川)も、奈良県内を流れている時点では吉野川だ。東京湾に注ぐ多摩川も、上流の奥多摩湖から山梨県までさかのぼれば丹波川《たばがわ》だし、大阪湾に注ぐ淀川も、上流へ向かって宇治川、瀬田川と名を変えながら琵琶湖に至る。

**かつて人びとの行動範囲が狭かった時代には、当然ながらそれぞれの地方なりの名で呼んでいたのが、その後の交流圏拡大や全国的基準を必要とする学校教育の事情、河川管理の都合などから同じ名称に統合されていくのは必然かもしれない。**

そういえば、私の祖母の出身地は福井県の九頭竜川《くずりゅうがわ》が目と鼻の先の農村部であったが、大人たちが「大川《おおかわ》」と呼んでいた記憶もある。明治期の東京の市街地図を見れば、浅草より上流は今と同じ隅田川だが、吾妻《あづま》橋より下は「宮戸《みやど》川」、さらに両国橋より南は「大川《おおかわ》」と、3種類の名前が順に示されていて、現代の感覚とはかけ離れている。これも地図上でたまたま吾妻橋や両国橋という地点の上下で分けて表示はしてあるものの、おそらく人によって微妙に領域を異にするであろう川の呼び名の、大まかな範囲を示したものに過ぎないのではないだろうか。

## 橋の名前に残された〝呼称〟

**部分的な呼称が生きていた頃の名残は、その時代に架けられた橋の名前に見つかる**

こともある。

たとえば、多摩川に架かる東海道本線の橋は「六郷川橋梁《ろくごうがわきょうりょう》」だし、相模川に架かる橋は「馬入川橋梁《ばにゅう》」だ。島根県江津市で山陰本線が江の川《ごう》を渡るのは「郷川橋梁《ごうがわ》」で、その川をずっとさかのぼった広島県三次市《みよし》には、今はなき三江線《さんこう》に「可愛川橋梁《えの》」が、最近まで架かっていた。さらに芸備線《げいび》で広島方面へ向かえば、同じ川の上流部で「第一・第二吉田川橋梁」を渡る、という具合である。

## 地図ではすべて「桂川」だけど……

京都を流れる桂川《かつらがわ》は、国土地理院の地図で見る限り、上流の日吉ダム（京都府南丹市）のある山間部までこの川の名が記されているが、実際には亀岡盆地の区間は大堰川《おおい》と呼ばれ、そこから下って峡谷に入ると保津峡《ほづ》で知られる保津川になり、嵐山《あらしやま》から下流は桂川と名前を変えて淀川に合流している。桂川は全長107キロであるが、この嵐山以下に限ればわずか20キロに過ぎない。

ただし、学校で用いられる地図帳で最も高いシェアを誇る帝国書院の『新詳高等地

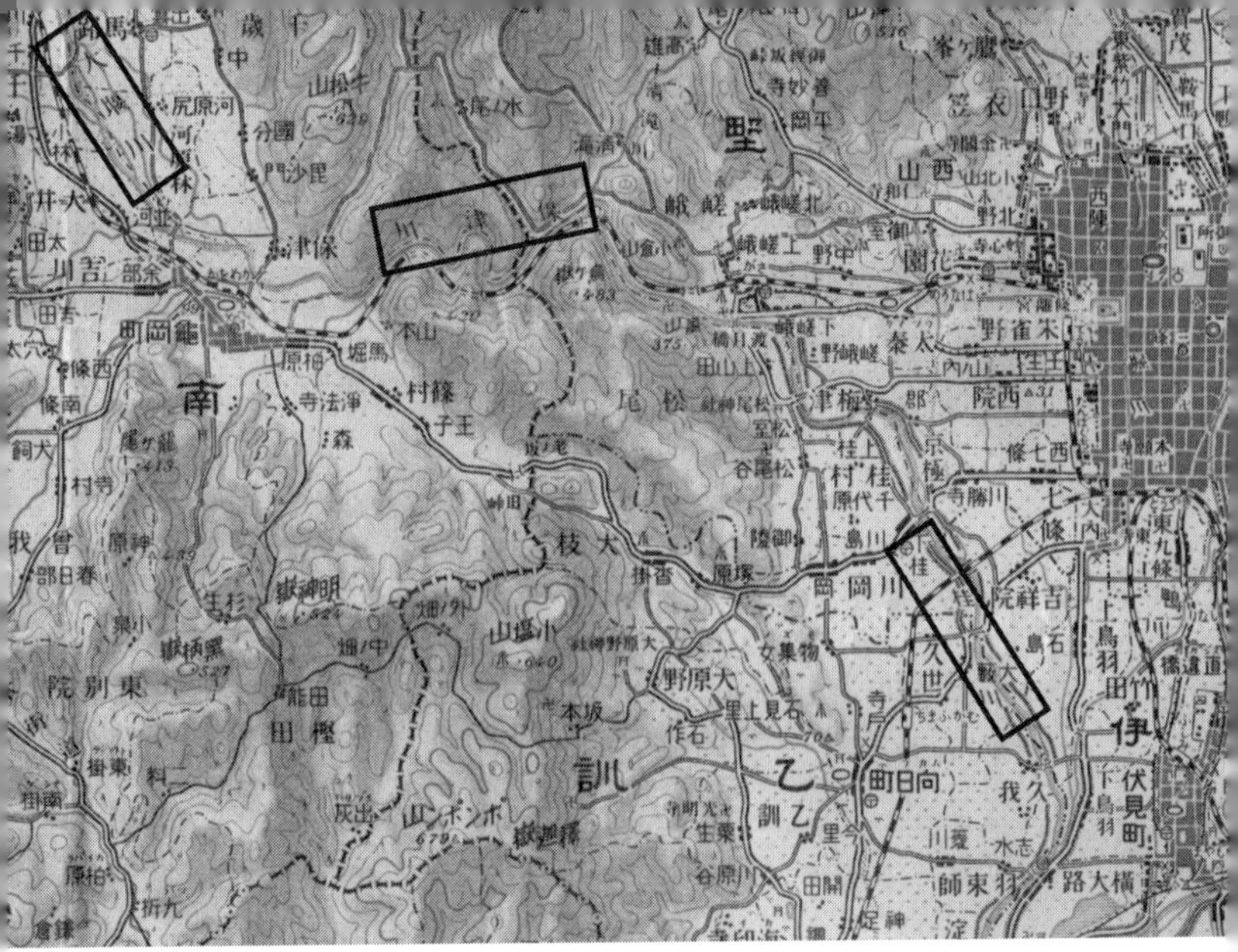

上流（地図左上）から「大堰川」「保津川」「桂川」と本流の名（四角囲み部分）が変わる（1:200,000帝国図「京都及大阪」1919・大正8年製版）

図』（高校用）を見れば前述のように大堰川、保津川、桂川の3つの名称が記されている。どちらが「正しい」とは言い切れないが、いずれにせよ身近な川にかつて多様な呼称が存在したというのは、なかなか興味深いことではないだろうか。

## 測量精度が上がって「本流」の間違いが判明

そもそも「川の長さ」も少々厄介だ。いくつも枝分かれした流れのうち、河口から最も遠い地点からスタートするものを本流とするのが原則ではあるが、**測量精度が上がって改めて測定した結**

**果、別の支流をたどった方が長いことが判明してもなかなか河川名称の変更はしにくい。**たとえば福島県と新潟県を流れて日本海に注ぐ阿賀野川（福島県内では阿賀川）は、支流の只見川を本流として勘定した方が長いので、川の長さランキング「第10位」というのは実際の長さを反映していない。北米大陸最長の川であるミシシッピ川も同様で、支流ミズーリ川の方が長いため、全長を3778キロ（データにより異なる）とするより、最近では「ミシシッピ川／ミズーリ川」などの表現で6051キロ（こちらも同様）とすることもある。

# 「山」だけじゃない、山の名前

## 漢字には複数の「読み」があるから

「山」にも、いろいろな読み方がある。

富士山、大雪山《たいせつざん》、安達太良山《あだたらやま》などの一般的なサン・ザン・ヤマから、大山《だいせん》や蒜山《ひるぜん》など、鳥取県付近でのセン・ゼン（呉音）まで――。

**一つの漢字に複数の読み方がある日本語ならではの事情で、**青森県の岩木山（いわきやま／さん）のように、ヤマとサンのどちらでも問題ないという存在も珍しくない。

時代による違いもあり、たとえば新潟県の妙高山《みょうこうさん》は、中山→名香山（なかやま／みょうこうざん」→妙高山と、表記と読みが変化してきた。

槍《やり》ヶ岳《がたけ》や八《やつ》ヶ岳《がたけ》など有名な高峰には、岳（タケ・ダケ）も多い。岳の字は「高い山」「険しい山」といった意味をもつ。中には木曽の御嶽山《おんたけさん》や、東京都の大岳山《おおたけさん》のように、岳（嶽）と山が同居する山もあるが、御嶽山は単に「おんたけ」「みたけ」とも呼ばれ、後から山を付けたと推察できる。ミネと呼ばれる山も多く、峰・峯・嶺などの字が一般的で、「○○峰山」の形もある。

## 「森」と「山」の意味が逆転

岩手県や秋田県などの竜ヶ森《りゅうがもり》のように、「森」を用いるのは主に東北地方で、他に紀伊半島南部や四国西部、沖縄（読みはモイ）など、「中央」から遠く隔たった場所に多いのは興味深い。**「森」といえば山地でも平地でも、木が生えている場所を意味するが、古くは山そのものを指したという。**もっとも日本の山はほとんど森林に覆われているので不思議はない。

反対に東京都世田谷区の八幡山《はちまんやま》のように、**「山」が平地を含む森の意味で用いられた**

「日本一低い山」として知られる大阪の天保山の交通標識（2017年著者撮影）

**地名もある。両者の意味は長い時間をかけて逆転したとも考えられ、その時間差で「森のつく山名」が周縁部に残ったのかもしれない。**

岩手県八幡平《はちまんたい》市の「前森山《まえもりやま》」のように、後に山を付けたものもある。

## 「丸」「頭」「鼻」「壇」などもある

山の「語尾」は実に多様で、神奈川県の丹沢山地にある檜洞丸《ひのきぼらまる》の「丸」、島根県との境界にある恐羅漢山《おそらかんざん》のすぐ近くの丸子頭《まるこがしら》（広島県）の「頭」、長野県・美ヶ原の西に聳《そび》える王ケ鼻《おうがはな》の「鼻」、福島県北東端の新地《しんち》町にある五社壇《ごしゃだん》の

「壇」など。これらの「語尾」は、他にも複数の場所に見られる。

　全国で一カ所のみと思われる例としては、秋田県鹿角《かづの》市の湯瀬《ゆぜ》温泉に近い高毛戸《たかげど》、和歌山県の紀伊半島中央にある野竹法師《のたけほうし》、秋田県の森吉山《もりよしざん》近くの両様《りようざま》、福島県の阿武隈山中にある川内村の小猿合《こさるご》、北海道石狩市の北端、暑寒別岳《しよかんべつだけ》に近い浜益御殿《はますごてん》、山形・新潟両県境に位置する日本国（にほんこく／にほんごく）など、いずれも山の名前とはとても思えない。これらの珍しい山名にはそれぞれ由来や物語が伝えられているのかもしれないが、このうち「日本国」については、大和朝廷時代に蝦夷地との境界を「ここまでが日本国」と定めたという説がある。

# 北海道の歴史を映す地名
## ――アイヌ語や入植者の家名など

### アイヌ語の「音」に漢字を当てたもの

札幌《さっぽろ》、帯広《おびひろ》、釧路《くしろ》、根室《ねむろ》、網走《あばしり》、名寄《なよろ》、稚内《わっかない》、留萌《るもい》などの都市はもちろん、観光地で知られる知床《しれとこ》や北方領土の国後《くなしり》、択捉《えとろふ》、色丹《しこたん》、歯舞群島《はぼまいぐんとう》に至るまで、北海道の地名の多くが、アイヌ語の音に漢字を当てたことはよく知られている。

たとえば札幌は「サッ・ポロ・ペッ（乾いた・大きな・川）」から来ているといい、扇状地で水の少ない河原が広がる豊平川《とよひらがわ》を形容したとの説が有力だ。また、日本最北端の市である稚内は「ヤム・ワッカ・ナイ（冷たい・水の・川／沢）」の短縮形という。もっとも「冷たい」が省かれたため、単なる「水の沢」になってしまったのだが。

同じ語源であっても異なる文字が当てられることがある。たとえば「シ・ペッ」は大きな川を意味するが、士別《しべつ》市や標津《しべつ》町の例のように字の当て方が何通りかあることは珍しくない。十勝管内の帯広は札幌と同様に川の描写で、原形は「オ・ペレペレ・ケプ（川口が幾筋にも裂けている川の意）」とされ、中洲の多い「網状流」を示す十勝川の様子がよく表現されている。

どう転訛すればオビヒロになるのか不思議だが、現地の地名を異民族が自分の言語で発音しやすい形に変えたり省略するのは、インドのムンバイが英国人によってボンベイと変えられる（現在はムンバイに戻っている）など例には事欠かない。

## 和訳した地名、アイヌ語化した日本語も

アイヌ語の発音に漢字を当てた地名以外のものも、実は多い。

たとえば旭川。「チュプ・ペッ（日の・川）」もしくは「チュプカ・ペッ（東の・川）」は、東方に水源を有する川を表現したそうで、アイヌ語の意味を日本語に置き換え、つま

り和訳したという。一方で、当地を流れる忠別川《ちゅうべつがわ》は、同じチュプ・ペッ（チュプカ・ペッ）の音に漢字を当てている。半分だけ和訳したのはその南西に位置する赤平市《あかびらし》で、元は「フレ・ピラ（赤い崖）」であったのを、フレを和訳して「赤」とし、ピラの音に字を当てて「平」とした（異説もある）。崖とは逆の意味の「平」を当てたのは誤解のもとだ。もっともヒラは日本の古語で「坂道」を意味したから、そちらを意識したのかもしれないが。

札幌から旭川へ向かう函館本線の沿線にある砂川市も「オタ・ウシ・ナイ（砂の・ある・川）」の和訳だが、その音に漢字を当てたのが、隣接する歌志内《うたしない》市だ。このように、

**同じ語源から複数の地名が発生するのは興味深い。**

「和人」との交流が長いアイヌ人社会では、一部の日本語がアイヌ語化したことも知られている。炭鉱都市で知られた夕張の「ユー・パロ（温泉の・出口）」の「ユー」は、日本語の「湯」の借用というし、道内数カ所にある相泊《あいどまり》の「アイ・トマリ（北風の・停泊地）」に用いられるトマリも同様だ。北海道で唯一、原子力発電所のある泊村も「モイレ・トマリ（静かな・停泊地）」「ヘモイ・トマリ（鱒・停泊地）」などがルーツとされる。

## 入植者の家名や出身地にちなむ地名

アイヌ語の音や意味とは無関係の、入植者にまつわる地名も多い。

**たとえば、札幌市の区名になっている白石という地名は、旧仙台藩の白石城主が旧家臣を率いて開拓したことに由来するし、白石区に隣接する北広島市（旧札幌郡広島町）は、広島県出身者による開拓地だ。**市制施行した際に「北」を付けたのは広島県の広島市との区別と思われるが、千歳線の駅名は、1926（大正15）年に前身である私鉄の北海道鉄道が開業時から北広島を名乗り、それが定着していたことも大きいだろう。

内浦湾に面した伊達市は、宮城県南部に位置する亘理《わたり》藩伊達家の当主、伊達邦成《くにしげ》とその旧家臣が1870（明治3）年から団体移住したことにちなむ。また砂川市のすぐ近くにある新十津川町《しんとつかわちょう》は、奈良県十津川村が水害により大きな被害を受けたのを機に集団で移住した町である。四国・讃岐の丸亀藩主の跡継ぎであった京極高徳が1897（明治30）年に倶知安《くっちゃん》村ワッカタサップ番外地に農場を経営、東倶知安《ひがしくっちゃん》村となり、後に京極村（後に町。後志管内）と改称されている。

明治期には「○○屯田」と記される屯田兵村が目立つ。札幌のローマ字表記はアイヌ語の原型を保つSATPORO（北海道地理課1:200,000図「札幌」1897・明治30年）

十勝の河西郡《かさいぐん》では「サッ・ナイ（乾いた・川）」という地名に「幸震《さつない》」の字を当てた。サッに幸の字はわかるが、「ナイ」がなぜ震なのかといえば、日本語の古語で地震を意味する「なゐ」というから、ずいぶんと凝ったものである。ナイには内の字が当てられることが多いので、少し独自性を狙ったのかもしれない。

ここまではアイヌ語に漢字を当てた地名であるが、そこに福井県からの入植者が入って生じたのが、幸震＋福井の合成地名「幸福《こうふく》」である。そこを走る国鉄広尾線には戦後の１９５６（昭和31）年に幸福駅が設置された（現在は帯広市幸福町)。その後の国鉄改革で広尾線は1987(昭和62)年に廃止されたから、思えば「幸福行き切符」がブームになったのもずいぶん昔の話である。

## 時代とともに表記が変更されることも

JR留萌《るもい》本線は、2023(令和5)年4月1日に大半の区間(石狩沼田〜留萌)が廃止されたが、終着駅の所在地である留萌の地名は、かつて「るるもっぺ」と読んだ。「ル・モ・ペッ(潮が・静かに入る・川)」というアイヌ語に由来するというが、明治30年代に道庁が作った地図には、ローマ字でその読みがRURUMOPPEと表記されている。それが後にルルモヘ(ルルモエ)→ルモエ→ルモイと転訛して、今に至る。本州の地名でもよくあることだが、漢字の読みに引っ張られた変更であろう。自治体としての留萌(村→町→市)は支庁・振興局名に至るまで留萌で変化していないが、1910(明治43)年開業の駅名は、1997(平成9)年に留萌から留萠に表記を改めている。読みは一貫して「るもい」だ。

※付記。アイヌ語由来の地名には複数の解釈があり、本稿はそのうち一般的なもののみを紹介した。

# 揺れる沖縄の地名

## ――城はグスクかシロか

### 「万葉仮名」と「表意文字」が同居

2022（令和4）年に放送されたNHK連続テレビ小説「ちむどんどん」のヒロインは、比嘉暢子《ひがのぶこ》だった。その名字は沖縄県で最も多い。地名と名字が密接なのは沖縄でも同様で、本島の勝連半島にある浜比嘉島《はまひがしま》、久米島《くめじま》の東側の比嘉などいくつか存在する。そもそも標準語で言う東という言葉は「日向《ひむか》し」の転訛《てんか》であるのと同様、琉球方言でもヒムカ→ヒンガ→ヒガと転じ、それに比嘉の字が当てられた。

古語で崖を意味する「ママ」は千葉県市川市真間《まま》、栃木県小山市間々田《ままだ》などの地名に残っているが、これらは（漢字の意味は関係なく）**日本語に漢字の音を当てた「万葉仮名」である。**それに加え、大滝（大きな滝に由来）や川上（川の上流側に由来）、赤坂など、**「表意文字」の地名も同居しているのが日本の地名の特徴だ。**

沖縄も同様で、音読みの那覇《なは》や知念《ちねん》、訓読みの浦添《うらそえ》や竹富《たけとみ》、音訓が同居する与那国《よなぐに》や宜野湾《ぎのわん》など、いずれも本来の漢字の意味では解釈できない「万葉仮名」タイプも多い。

## 「揺れ」は、本土と沖縄の関係が背景に

話を沖縄の名字に戻すと、2番目に多いのは金城さん。読み方は「きんじょう」「かねしろ」「かなぐすく」などさまざまだが、沖縄の地名では、城は本来「グスク」と読む。**この「揺れ」の背景には薩摩藩以来の本土と沖縄の関係がある。**

現うるま市の与那城町《よなしろちょう》は、村から町に移行した1994（平成6）年に「よなぐすく」から「よなしろ」と本土風に読みを変えた。一方、那覇市に隣接する豊見城市《とみぐすく》は、2002

（平成14）年に村から市に移行した際も読みを変えなかった。戦後にできた豊見城《とみしろ》高校や豊見城《とみしろ》警察署などは「とみしろ」と読ませ、住民アンケートでも「とみしろ」の読みを支持する意見が多数を占めたが、歴史的な地名の読みを尊重した結果という。

## 北が「ニシ」!?

万葉仮名と表意文字の同居は、しばしば誤解も招く。

琉球方言で西を「イリ」と読むのは、西表島《いりおもてじま》の存在もあって広く知られており、うるま市西原《いりばる》などはその原則に沿ったものだ。ところが、同市内にある与那城西原《よなしろにしはら》は、勝連城（かつれんじょう・かつれんぐすく）の北にあることに由来する。**琉球方言で北は「ニシ」と呼ぶが、それに西の字を当ててしまったのだ。**渡名喜《となき》島の北端にある西森《にしむい》は北の山という意味である。一方で、八重山の波照間島にある北浜《にしぱま》は表意文字を採用した結果である（ニシに、琉球方言の正しい意味で北を当てた）。

沖縄の地名は奥が深い。本稿の執筆にあたっては狩俣繁久琉球大学名誉教授にご教示をいただいた。

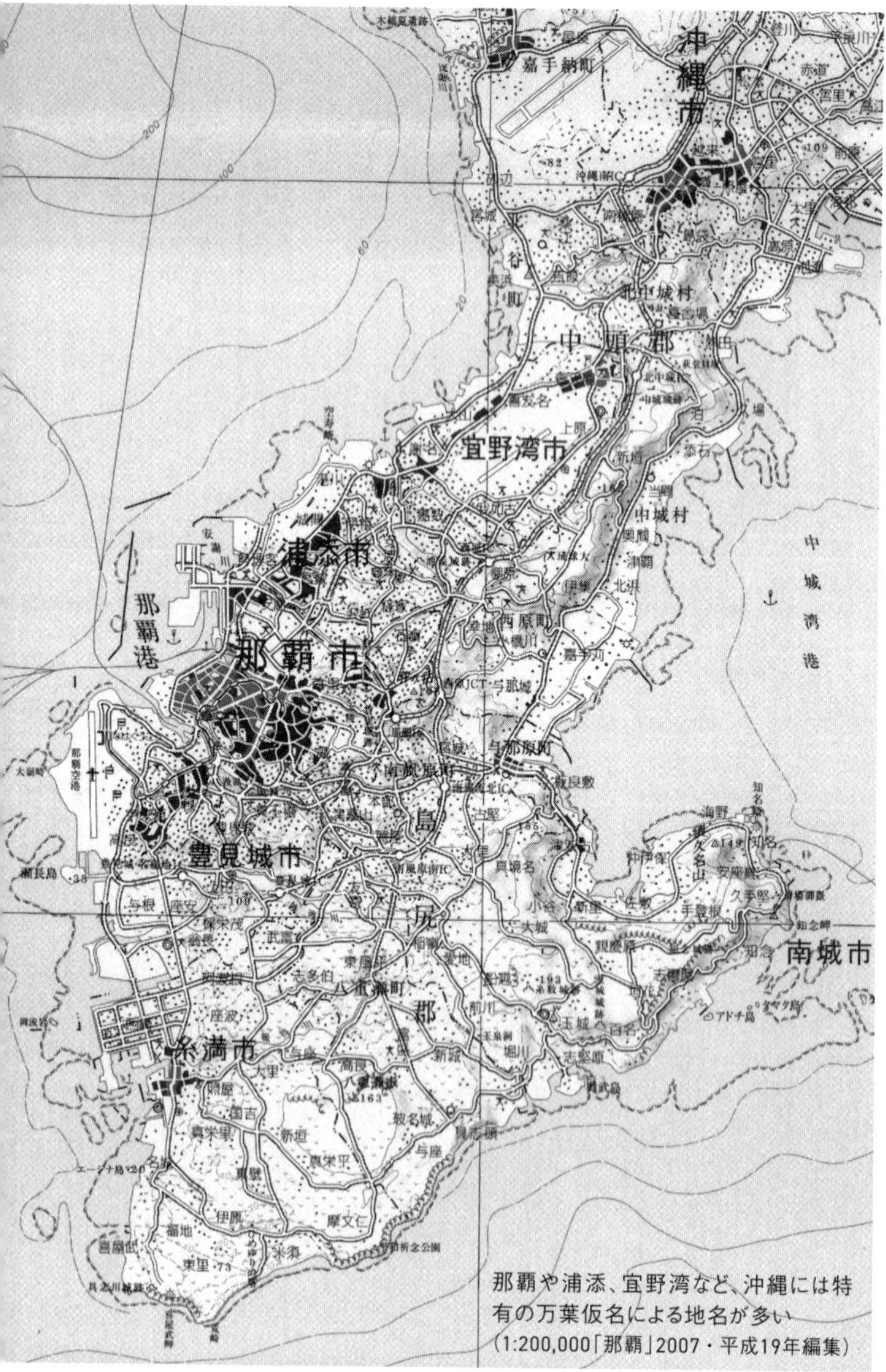


那覇や浦添、宜野湾など、沖縄には特有の万葉仮名による地名が多い
（1:200,000「那覇」2007・平成19年編集）

右下の豊見城市は、市制施行の際に「とみしろ」か「とみぐすく」で揺れたが、
「とみぐすく」という歴史的な読みを変えなかった
（1:50,000「那覇」2006・平成18年修正）

# 生き物のごとき「通称地名」

## 地図にはない、福島県の3地域

普通の地図には載っていない地名がある。

たとえば、福島県の太平洋岸を表わす「浜通《はまどお》り」。

福島県は、埼玉・千葉・東京・神奈川の4都県を合わせた面積より広く、気候・風土が県内でも場所によりだいぶ異なるため、たとえば**気象情報などに用いられる通称として、東西に三つの地域に分けている。**県内東部（太平洋側）の「浜通り」と、中央部（東北本線・国道4号に沿う）の「中通《なかどお》り」、そして西部（ほぼ猪苗代湖《いなわしろこ》以西）の「会津」

である。

だからこそ「福島県」と名が付くだけで原発事故の影響を受けた地域と結びつけるような、地理的に見て非科学的な風評には惑わされたくないものだ。

## なぜ東京都西部の呼称が「三多摩」なのか

このように、**地図に載らないけれど一定の範囲で通用している地名を「通称地名」と呼ぶ。東京都の「三多摩」もその一つだ。**現在では23区と伊豆・小笠原諸島など島嶼部を除いた部分を指す。これは1878（明治11）年に、広大だった多摩郡が東多摩・西多摩・南多摩・北多摩の4郡に分割されたうち、当初神奈川県に属していた西・南・北の3郡を指す（次頁図参照／東多摩郡は1896年に消滅）。もちろん、今では南北多摩郡内のすべての町村が市になって消滅したため、西多摩郡が残るのみだが、それでも旧来の区分に基づく「三多摩」は通称として残っている。もっとも、よく考えてみるとこの用語を耳にすることが最近は減ったかもしれない。

もっと狭い東京の通称地名としては「御茶ノ水」がある。将軍のお茶に用いた良質の

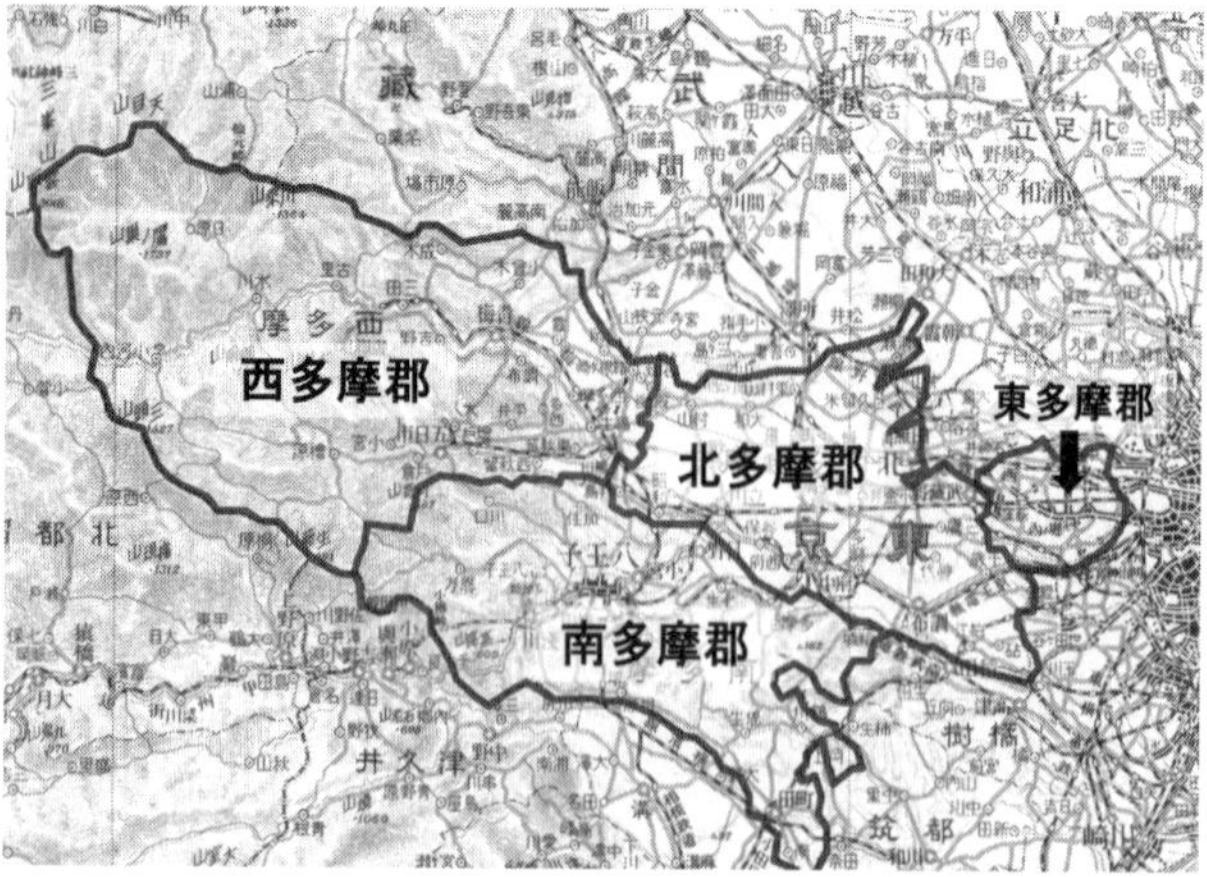


1878（明治11）年に4分割された多摩郡。そのうち西・南・北多磨郡は当時、神奈川県に属していた。93（明治26）年に東京府に移管されたが、今も「三多摩」の名称で呼ばれる（作図・著者／1:500,000輿地図「東京」昭和11年修正使用）

湧水にちなむとされるが、正式な町名になったことは一度もなく、そのため範囲も曖昧ではあるが、千代田区神田駿河台と文京区湯島にまたがっている。ただし「将軍用の水」だったから地名が生き残っているというよりは、JR中央線の駅名になった影響の方がはるかに大きいに違いない。正式な町名である神田駿河台や湯島を知らなくても御茶ノ水駅を知っている人の方が多いのではないだろうか。

　ついでに言えば、中央線の前身にあたるのが私鉄の甲武鉄道だったからこそ、御茶ノ水という「名所」を駅名に採用した可能性は考えられる。**乗客を**

**獲得するためには通りの良い地名を選ぶ必要があるため、江戸時代から知られた通称地名を採用したのではないだろうか。西隣の水道橋駅も地元の町名ではなく、これも江戸の名所として知られた「水道橋」を名乗るのが正解だったのだろう。**高度を保ちつつ神田上水を神田川の北側から南側へ渡す「樋」として有名だった。

## 大阪の繁華街、キタ・ミナミの変化

大阪の通称地名といえばキタ・ミナミが代表的だろうか。単なる方角と区別するためカタカナで記される。大阪駅や梅田駅のあたりがキタ、心斎橋から難波、道頓堀あたりがミナミだ。どちらも大阪を代表する繁華街であるが、通称ゆえに具体的な線引きは難しく、時代や人によって範囲は微妙に異なるようだ。最近ではミナミのさらに南東に位置する天王寺駅周辺も大きなククリとして「ミナミ」に入れる向きもあるが、**「天王寺駅前でタクシーに乗り、ミナミへ行ってくれと言うと北へ走り出す」**という笑い話などを聞くと、まだ広くは認知されていないのかもしれない。

通称地名は「生き物」である。

# 美しい難読地名

## ほのかに夜が明けて

未明《ほのか》という地名を、島根県の最東端あたりの地図上（現島根県安来《やすぎ》市）に見つけたのは、筆者が高校生の頃だっただろうか。山の懐に抱かれて前に田んぼ。見知らぬ土地の美しい響きが印象的であった。『角川日本地名大辞典』によれば「後醍醐天皇が隠岐へ遷幸の時、この地でほのかに夜が明けたという伝承による」とある。２０１０（平成22）年に放送されたＮＨＫの連続テレビ小説「ゲゲゲの女房」のモデルとなった、水木しげるの妻・武良布枝《むらぬのえ》の出身地――大塚からすぐ近くだ。

私が取材に行ったのは放送翌年だったと思うが、まだ観光客が訪れていたものである。安来駅から大塚まではバス、そこからは数キロ歩いて未明まで行ったが、途中で雪が降ってきてたちまち積もるほどの本降りとなってしまう。もちろん「ほのかに明ける」時間帯ではなかったが、雪景色の未明集落をしばらく歩き、大塚まで再び歩いて戻った。バスの時間まで大塚の公民館でストーブにあたりながら市史などの文献を調べたのは懐かしい思い出である。

## 外敵防備の役名に「美」を当てて

新潟県妙高市には美守《ひだのもり》という、これも難読ながら美しい地名がある。まだ新井市であった１９７７（昭和52）年、**他の地名に変えられてしまうところを、住民投票で守られた経緯がある。**明治期に大部の『大日本地名辞書』を書いたやはり越後出身の歴史地理学者・吉田東伍《とうご》によれば、もとは夷守《ひなもり》だったのを、夷を美に書き誤ったという。外敵防備の役目を帯びた人を夷守と称したが、おそらく字の変化で由来不明となったためか、読みも転訛したらしい。

難読で美しい地名は探せばいろいろ見つかるものだが、著者が以前に訪れたのが無音《よばらず》。ここは庄内平野のまん中の山形県鶴岡市東部（旧藤島町）で、見渡す限り美田が広がるところだった。地名の由来をうかがった地元の方の話によれば、**かつてこの地にあった沼に住む龍神を起こさないよう、村人たちが音を立てずに（よばらずに）通ったことから、この地名になったという。**地名学的にどうか知らないが、そのような伝承が今も残っていることが大切ではないだろうか。

## 東西から吹く風の「交差点」

風合瀬《かそせ》という地名は青森県深浦町《ふかうらまち》で、日本海に沿って走る五能線《ごのうせん》に小さな駅がある。ここは筆者が中学3年生の時に5万分の1地形図「鰺ケ沢《あじがさわ》」で見つけて行ってみたくなり、初めての泊まりがけ一人旅の目的地に選んだ。1975（昭和50）年3月のことであったが列車を降りると雪が多く残るホームには容赦なく北風が吹きすさび、なるほど地名の通りだと納得したものである。しばらく海を見て凍えていたが、帰りの列車に乗った時の暖房のありがたさは今も忘れない。今では見かけなくなった木造の旧型客車で、背もたれの部分が板張りだった。**地名の由来は、東西から吹く風の「交差点」にあたるから、という。**

決して「イマ風」ではないが、地元の風土に根ざした地名たち。末長く守っていきたいものである。

# 第2章

# 「平成の大合併」が変えた地名

——人あるところ、忖度あり

# 川の名前なら、安全パイ？

## なぜ、川の名を付けるのか

「平成の大合併」が行われて、さまざまな新市町村名が話題になった。その中で、川の名にちなむ市町村も各地でお目見えしている。

これは広域の合併が増えたため、新自治体名として適当な地名がなかなか見つからなかったことが一つの原因だろう。特に「対等合併」となると、「規模の大小にかかわらず、あくまで平等に」という意識が働いて、合併するいくつかの自治体のエリアを通して流れる川の名にすることで、平和的に解決できるということなのかもしれない。

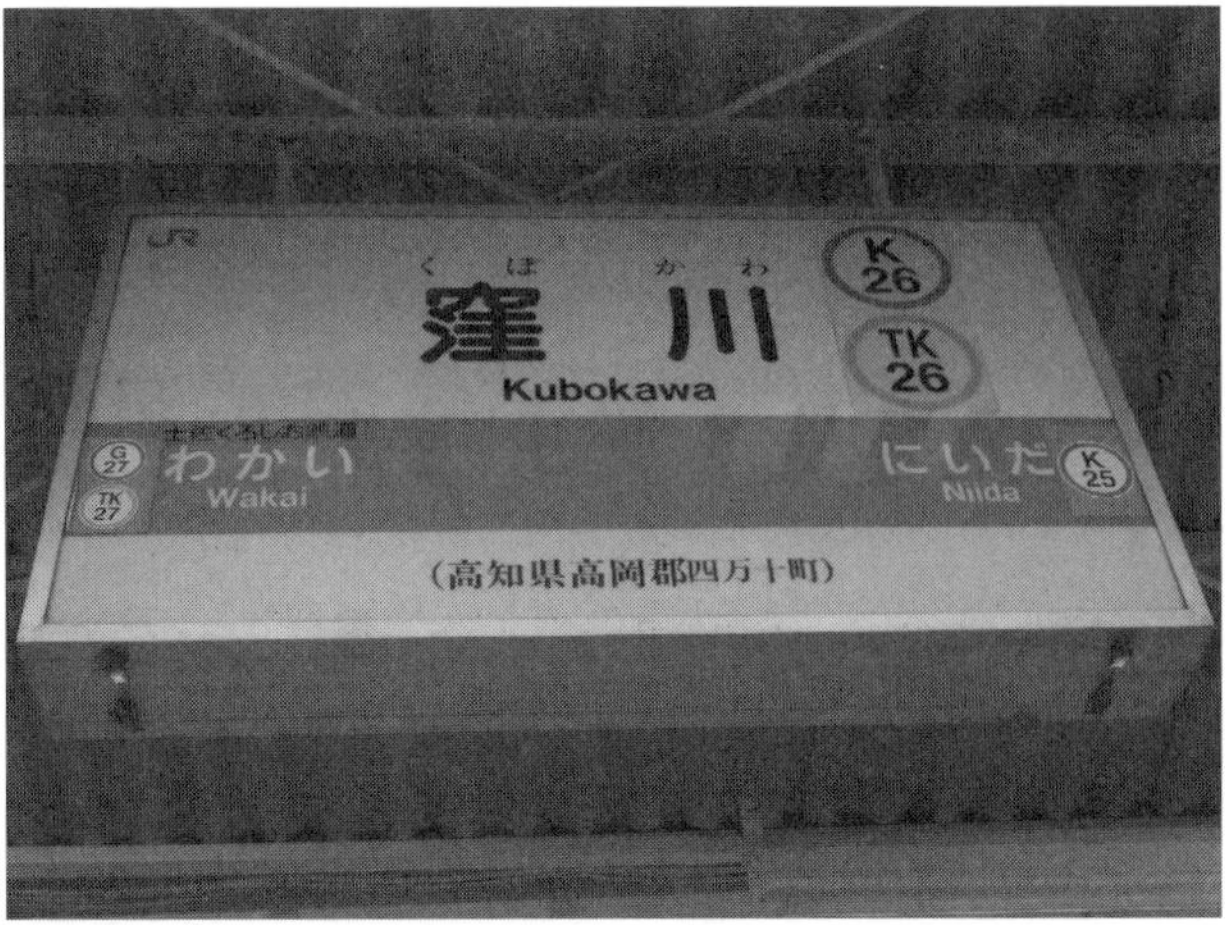


土讃線・土佐くろしお鉄道の窪川駅名標には「四万十町」の表示が。
ほど近い中村駅は「四万十市」に所在してまぎらわしい（2014年著者撮影）

## 四万十川の名が重なり「ややこしや」

四国では代表的な二つの川を名乗る市が、いずれも平成の大合併で誕生した。

一つは高知県南西部の城下町である中村市と、北隣の西土佐村が合併した「四万十《しまんと》市」。四万十川の知名度の高さが大いに影響したに違いない。

ややこしいのは、隣の窪川《くぼかわ》町など3町村が合併して「四万十町」ができたことで、**このあたりの道路標識は「右・四万十（窪川）、左・四万十（中村）」などのように表記しないと区別がつかなくなった。**そんなこともあってか、駅名の方はそれぞれ中村、窪川で変わっていない。

四国のもう一つは、徳島県吉野川市。鴨島町など4町村が合併したもので、徳島県の名産・藍《あい》を育てた吉野川の名を採用した。ただ、これにより古代からの歴史ある麻植《おえ》郡がなくなったのは惜しまれる。ちなみに徳島県は１９５４（昭和29）年以来、長らく市が四つだけ（徳島・鳴門・小松島・阿南）であったが、ちょうど半世紀経った２００４（平成16）年に、五つ目の市が誕生したことになる（現在は八つ）。

## 阿賀野川があって、阿賀川がある。阿賀野市があって、阿賀町がある

その前年には長野県に千曲《ちくま》市が登場した。更埴《こうしょく》市など3市町合併で、やはり日本一の長流の知名度は抜群である。千曲川は新潟県に入ると、その名を信濃《しなの》川と変える。

なお新潟県内には、阿賀野《あがの》川に関連して2市町が誕生した。２００４（平成16）年に4町村が合併した阿賀野市と、翌年にやはり4町村合併した阿賀町である。ちなみに阿賀野川は新潟県の呼び名で、福島県内に入ると阿賀川に変わる。混乱してしまうけれど、これも地名の奥深さだろう。

# 平仮名で、丸くおさめる

## 新たに誕生したその数、40！

この20年ほどで、平仮名表記の市が急速に増えた。

調べてみると、**1999（平成11）年に始まった「平成の大合併」から今日までに誕生した仮名書きの自治体名は40にも及ぶ。**次頁表の通りだが、片仮名は山梨県南アルプス市のみ。なお、助詞「の」を使う3市町――静岡県伊豆の国市、和歌山県紀の川市、島根県隠岐の島町は除いた。

それ以前に存在していた仮名書き自治体は、消えたものを含めても15であることから、やはり近年の増加ぶりは突出している。

**「平成の大合併」以降に誕生した平仮名・片仮名市町村**

| | |
|---|---|
| 北海道 | 新ひだか町、せたな町、むかわ町 |
| 青森県 | つがる市、おいらせ町 |
| 秋田県 | にかほ市 |
| 茨城県 | つくばみらい市、かすみがうら市 |
| 栃木県 | さくら市 |
| 群馬県 | みどり市、みなかみ町 |
| 埼玉県 | さいたま市、ふじみ野市、ときがわ町 |
| 千葉県 | いすみ市 |
| 石川県 | かほく市 |
| 福井県 | あわら市、おおい町 |
| 山梨県 | 南アルプス市 |
| 愛知県 | あま市、みよし市 |
| 三重県 | いなべ市 |
| 兵庫県 | たつの市、南あわじ市 |
| 和歌山県 | みなべ町 |
| 徳島県 | つるぎ町、東みよし町 |
| 香川県 | さぬき市、東かがわ市、まんのう町 |
| 高知県 | いの町 |
| 福岡県 | みやま市、うきは市、みやこ町 |
| 佐賀県 | みやき町 |
| 熊本県 | あさぎり町 |
| 鹿児島県 | 南さつま市、いちき串木野市、さつま町 |
| 沖縄県 | うるま市 |

固有地名を仮名書きしたもので、助詞の「の」などは含まない

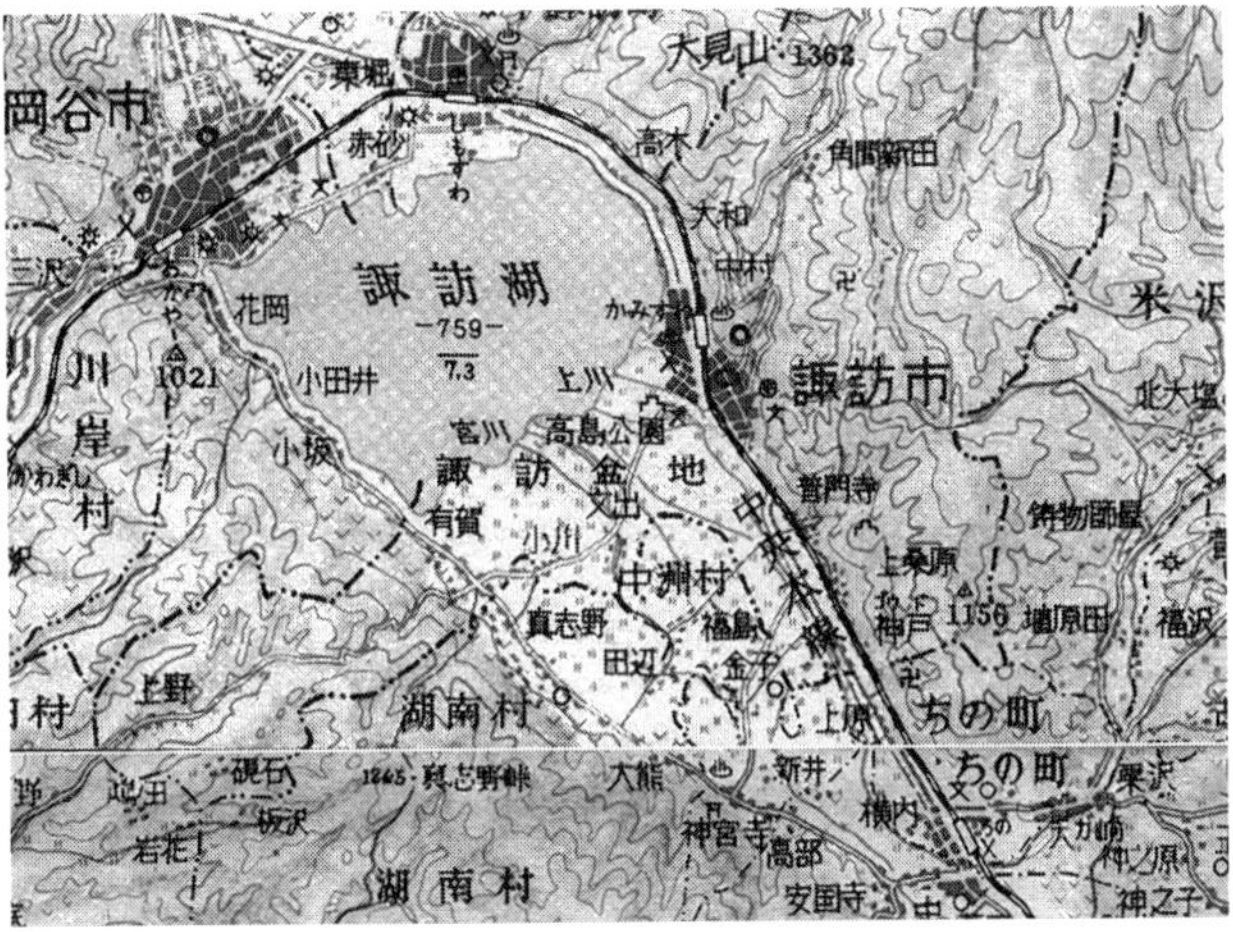

日本で初めて誕生した平仮名表記の自治体は長野県諏訪郡「ちの町」（現茅野市）（1:200,000地勢図「長野」「甲府」1954・昭和29年編集）

## 日本初は「ちの町」

**日本で初めて仮名書きを採用したのは、1948（昭和23）年に誕生した長野県諏訪郡ちの町（現茅野《ちの》市）で、**永明《えいめい》村が町制施行を機に改称したものだ。中央本線茅野駅の所在地であるが、甲州道中の間《あい》の宿《しゅく》（宿場間に設けられる休憩施設・集落）の茅野集落が隣の宮川《みやがわ》村に位置していたため、「茅野」の表記が使いにくかったのかもしれない。**当時の日本はアメリカによる占領下にあり、漢字制限に前向きだった世の中の空気が反映されていた可能性もある。**その後、1955（昭和30）年にその宮川村を含む広域合併を行った際、現在と同じ漢字の茅野町（1958年に茅野市）になった。

市では沖縄県コザ市（1956年）、青森県むつ市（1960年）、福島県いわき市（1966年）と続く。このうちむつ市の誕生は苦難に満ちたものであった。今から64年前の1960（昭和35）年8月1日、青森県の大湊田名部《おおみなとたなぶ》市が改称したものだが、その「大湊田名部」という市名は、下北半島のかつての軍港の町・大湊と、南部藩の代官所があった田名部の両町が合併する際に新市名の決定が難航したため、1959（昭和34）年に暫定的に決まったものである。その翌年に旧国名の陸奥《むつ》の平仮名表記でようやく合意に達した経緯がある。

## 平仮名にする、その心は？

今世紀に入って埼玉県で浦和、大宮、与野の3市合併で埼玉県さいたま市が誕生（2001年）してから、平仮名自治体名の誕生はせきを切ったように続くが、**これらを観察して気づくのは、漢字表記だった旧自治体名の読みを平仮名で表記したパター**

**ンが多いことだ。**たとえば北海道瀬棚《せたな》、北檜山《きたひやま》、大成《たいせい》の3町合併で「せたな町」、茨城県霞ヶ浦町など2町で「かすみがうら市」、兵庫県龍野《たつの》市を含む4市町の合併で「たつの市」がある。

久しぶりに帰った故郷で、地図の表記がまるっきり変わって戸惑う人も少なくないが、各自治体が公式に掲げる平仮名の採用理由は、おおむね「柔らかくて親しみを持てる」といったところ。なるほど銀行名なども昨今は平仮名が多い。しかし個別に調べてみると、**「対等合併であるから、特定の自治体へ他の市町村が編入されたような印象を払拭したい」というのが実情ではないだろうか。**これは平仮名自治体に限らないが、「市名は譲るが市役所の位置はウチがもらう」と名を捨てて実をとったケースもあると聞く。

中には適切な地名がどうしても見つからず、「みどり市」「さくら市」のように地名以外の平仮名が選ばれる例もあった。膠着語《こうちゃくご》（実質的な意味を持つ語に助詞などが結びつき、それによって機能が果たされる言語）で語間のスペースがない日本語表記の特性から見れば、「長崎から神戸へ向かった」のなら読み取れるが、「さくらからせたなへ」では、一目でわかりにくいのだが。

一方で市内の町名はといえば、平仮名、片仮名はすでに当たり前の時代になって久しく、さらに積極的に流行を追っている印象だ。たとえば、横浜市西区みなとみらい一丁目などの〝**イメージ地名**〟。ほかにも兵庫県三田市テクノパーク（インター近くの工業団地）、中部国際空港の所在地である、愛知県常滑《とこなめ》市セントレア一丁目～五丁目などの〝**英語地名**〟と、それほど珍しくなくなっている。

埋立地の地名だったらどうぞご自由に、という気もするが、日本古来の歴史的地名も大切にしたいものだ。

# ますます馴染みがなくなる「郡」

## 消えた古代の〝由緒ある郡名〟

「平成の大合併」が終わって早くも10年以上が経った。市の数と面積は激増し、町村はかなりその数を減らしている。**町村が市になれば郡《ぐん》から離れるため、この時期に消えた郡は多い。**

かつて「木枯らし紋次郎」の出身地として有名だった群馬県新田郡《にったぐん》は、笠懸町《かさかけまち》が合併でみどり市となり、静岡県志太郡《しだぐん》も岡部町が藤枝市の一部となって、姿を消している。**いずれも8世紀の文書に見られる、由緒ある郡名であった。**

## 明治期は、方角や上下の付くものが多い

明治期の郡は、府県と町村の中間に位置する自治体で、内務省の若手キャリア官僚がつとめる郡長が率いる郡役所と、郡会（議会）が置かれた。歴史の長い郡名が多いとはいえ、統廃合や分割が行われたため、郡名イコール古代地名ではない。

たとえば、現在の東京都の西側にあたる多摩郡は、1878（明治11）年に東多摩郡、西多摩郡などと東西南北に4分割されたし、青森県の津軽郡も同年に東西南北と中の5郡に分けられた。**方角や上下の付いた郡名は、明治で郡を分割した際の命名が多い。**

一方で1896（明治29）年から翌年にかけては、大規模な郡の統廃合も行われた。千葉県の山辺郡と武射《むさ》郡が合併して「山武《さんぶ》郡（現山武《さんむ》市）」、福島県の標葉《しねは》郡と楢葉《ならは》郡が合併して「双葉郡」のように合成することもあれば、新潟県の佐渡で雑太《さわた》・羽茂《はもち》・加茂《かも》の3郡が合併して「佐渡郡」とするなど、広域地名の採用も少なくない。中には富山県の「氷見郡」のように、戦国時代末期に射水《いみず》郡から分割、江戸前期に再び射水郡に戻って姿を消していたものが、**1896（明治29）年の分郡運動が功を奏して、278**

**年ぶりに復活したという郡もある（1954年に消滅）。**

## 平成になって誕生した郡名も

郡制廃止の法律が公布された1921（大正10）年に636あった郡は、現在307と半減した（郡制廃止の経緯は87頁コラムへ）。それでも**「平成の大合併」では、所属郡が異なる町村が合併した際に、新しい郡もいくつか生まれている。**

たとえば、石川県の能登で鳳至《ふげし》郡の2町村と珠洲《すず》郡の1町が合併、両者の合成で「鳳《ほう》珠《す》郡」が誕生したし、福井県では三方《みかた》郡三方町と遠敷《おにゅう》郡上中《かみなか》町が合併して若狭町が誕生した際に、郡名は新たに「三方上中郡」と二つの旧町名を保存するという、まったく異例なものとなった。

近年いよいよ影が薄い郡であるが、それでも**東京都豊島区や足立区、横浜市都筑区、大阪市西成区のように旧郡名を採用した区名があるし、**山形県の天気予報では最上、村山、置賜《おきたま》の郡名が今も使われている。流域や山などの地形を境界としたかつての郡域が気候ともリンクしているからだろう。

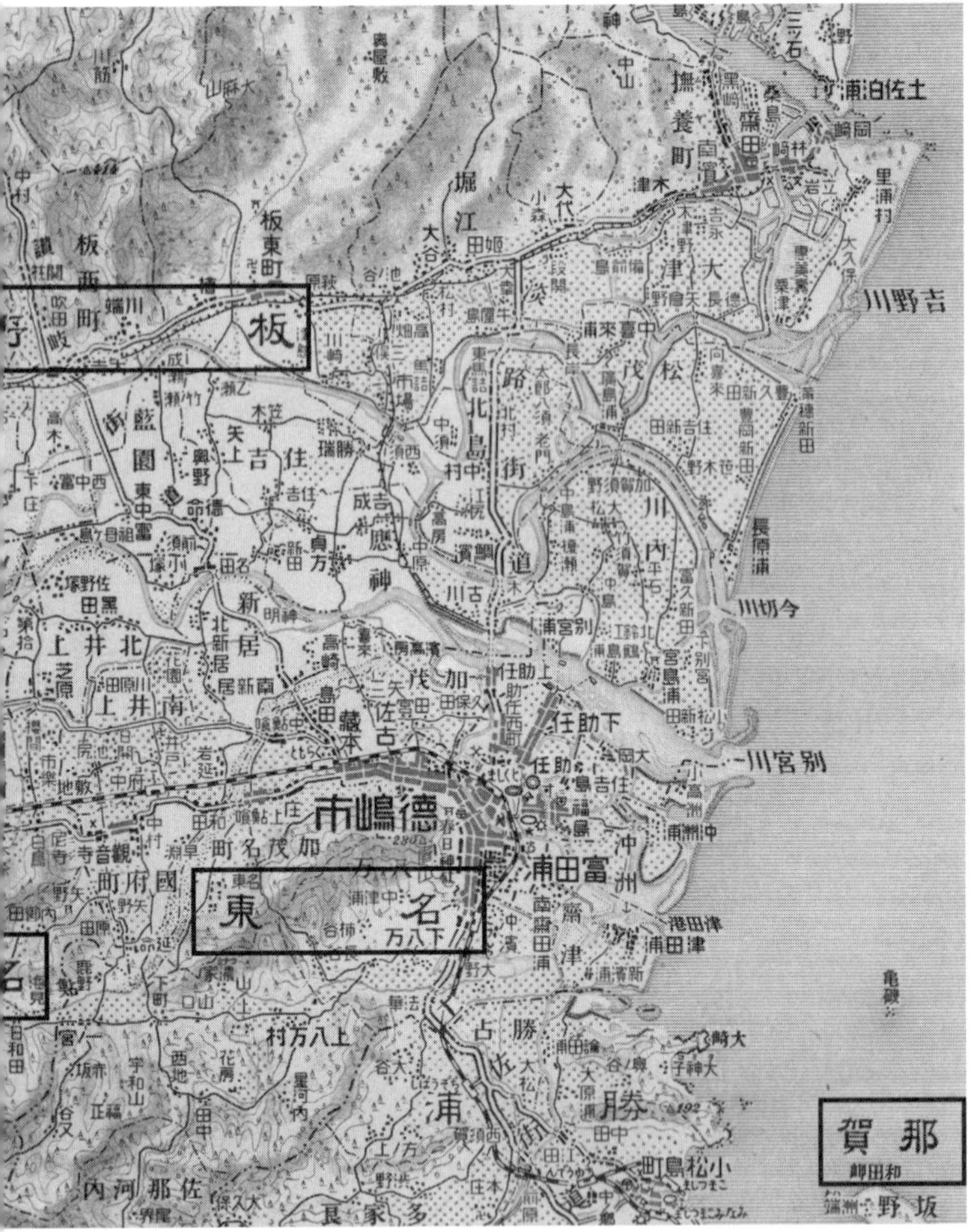


いくつもの郡が健在だった頃の徳島付近。四角囲みが郡名を表わす
（1:200,000「徳島」1932・昭和7年鉄道補入）

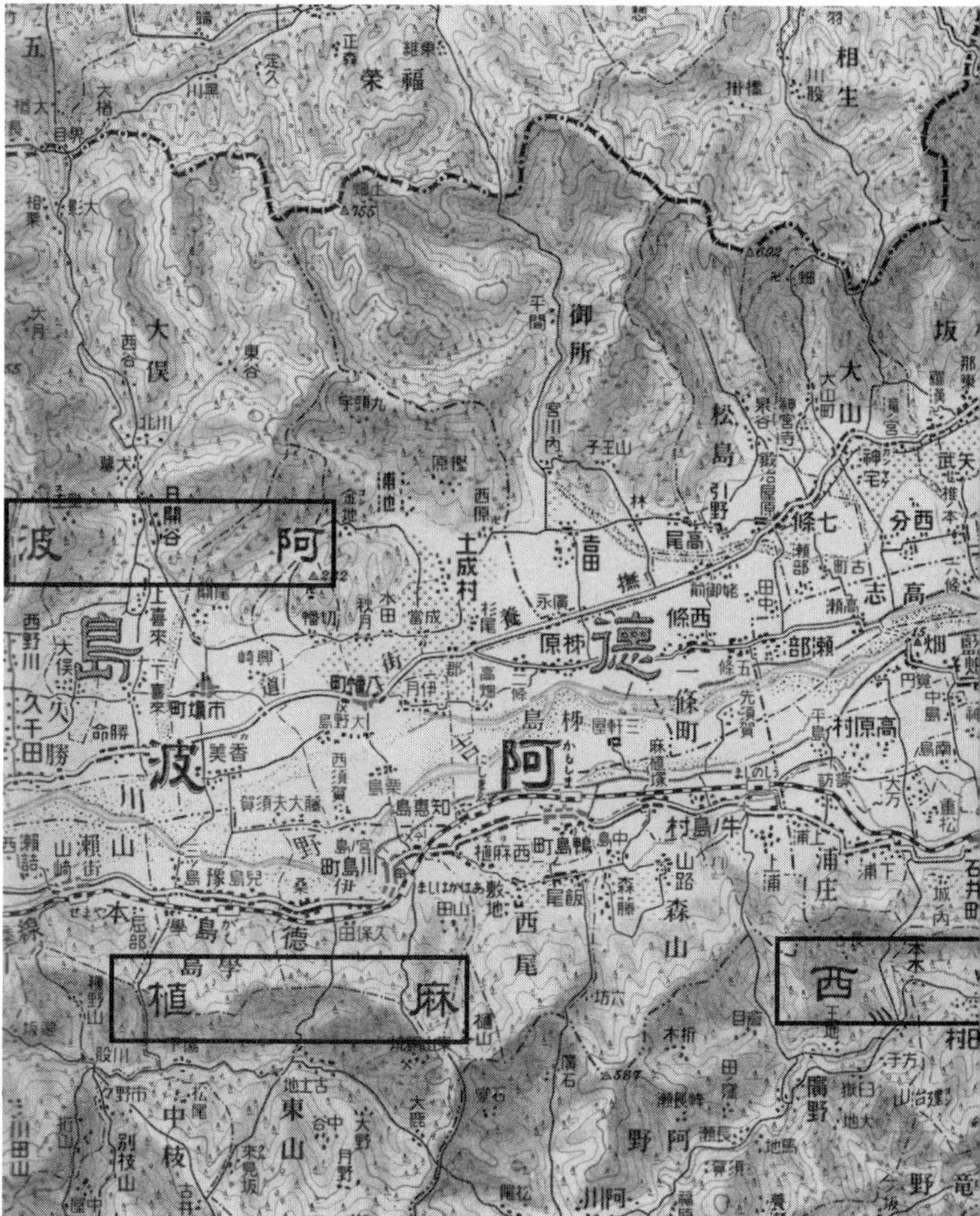
阿波
麻植
西
徳島
阿波
御所
大俣
松島
大山
土成村
市場町
一條町

# 「明治の大合併」でも決められなかった

## 互いに「優劣」なきよう、善処せよ

浦安（千葉県）、武蔵野（東京都）、行橋《ゆくはし》（福岡県）。

いずれも「明治の大合併」が行われた１８８９（明治22）年に誕生した地名である。

漁村（浦）が安泰であれとの願いを込めた浦安村、広い武蔵野台地の一角を占める武蔵野村、行事《ぎょうじ》村や大橋村ほかの合併により、各１字をとってつないだ行橋町。当然ながら、これらの地名を江戸時代の絵図で探しても見つからない。

近代国家の建設を目指した明治政府は、ドイツをお手本に地方自治制度を立ち上げたが、**江戸時代以来の「村」では規模が小さすぎるため、隣近所と合併させて300〜500戸（人口1500〜2500人程度）で一つの自治体にすることを目安とした。**

ところが新村名を決めるのは難しく、しばしば紛糾したという。

特に同規模どうしの合併による村の命名は難しく、内務省でも訓令第352号で「互ニ優劣ナキ数小町村ヲ合併スルトキハ各町村ノ旧名称ヲ参互折衷スル等適宜斟酌《しんしゃく》シ」と、合成地名などを活用して対処するよう勧めている。

その結果が、前述の3町村のように、**縁起を担いだ瑞祥《ずいしょう》地名の「浦安」、山や川、台地などの自然地名である「武蔵野」、村名をつないだ合成地名の「行橋」といった形で表われた。**

## 踏襲された命名パターン

他にも柿生《かきお》村（現川崎市麻生区）や藍園《あいぞのそん》村（現徳島県藍住町）のように特産物を名乗るもの、青森県六ケ所村、千葉県富里市（13の村→十三里→富里）のように合併した村数を名乗るもの、中原村（現川崎市中原区）のように街道（中原街道）の名称にちなむもの

代々木＋幡ヶ谷＝代々幡村、上・下馬引沢＋野沢(図になし)・深沢＝駒沢など、町村制を機に新造された村名が目立つ(1:200,000帝国図「東京」1914・大正3年)

など、千差万別である。

これらの命名パターンはその後も踏襲され、新しい自治体名は次々と生まれている。著名な神社仏閣や観光地を名乗るものも目立ち、島根県大社町《たいしゃまち》(旧杵築《きづき》町＋杵築村＝現出雲市)、埼玉県長瀞町《ながとろまち》(旧野上町)、長野県野沢温泉村(旧豊郷村《とよさとむら》)などが各地に誕生した。1348(貞和4)年の四條畷《しじょうなわて》合戦にちなんで甲可《こうか》村から改称した四條畷村(大阪府四條畷市)は、1932(昭和7)年の成立である。

「平成の大合併」でも人気ブランドの新市名に注目が集まったが、いくつもの歴史的地名が失われたのは残念だ。

# 住所だけに残る「郡」とは何か？

## かつての自治体名は、今や単なる地名に

最近は「郡」をあまり耳にしない。郡に所属する「町村」が、合併で「市」となって独立し、郡そのものが消滅するのも原因であろう。それでも郡の歴史は古代にさかのぼり、国の下にいくつかの郡が所属していた。古代律令制では末端の行政機関に位置づけられ、各郡には「郡司《ぐんじ》」（郡の官人）が置かれていたが、その後は実体が失われていく。

明治以降は府県と町村の間に位置する自治体として復活を果たし、内務省の若手キャリア官僚の郡長以下、郡の議会（郡会）が開かれ、郡立中学校や病院などを経営することもあった。ところが原敬内閣が行政改革の一環として1921（大正10）年に郡の廃止を決め、大正末までには単なる地理的な呼び名として現在に至る。

もっとも自治体としての郡が存在した時代は町村が今よりはるかに小規模で、広域行政のために必要だった。たとえば神奈川県三浦郡には1889（明治22）年の町村制施行時点で横須賀町、浦賀町、三崎町の3町の他に12もの村が所属していた。ところがその後の横須賀の市制施行や合併の進行、三浦や逗子が市制施行で抜けるなどした結果、現在の所属町村は葉山町だけである。ついでながら同県高座郡《こうざぐん》も23町村（藤沢市、茅ヶ崎市、海老名市などを含む）が所属したが、現在は寒川町のみ。

三浦郡、高座郡は古代からの郡名だが、近代生まれのものもある。香川県仲多度郡《なかたどぐん》は、那珂郡と多度郡を1899（明治32）年に合成したもの。平成の大合併でも、合併により新しい郡が生まれている。

# 消えゆく「大字」「小字」

## 「大字」の由来は江戸時代の村名

都市部の住所は、たとえば「東京都杉並区阿佐谷南一丁目15-1」(杉並区役所)のような形態が多いが、郡部では「愛知県知多郡美浜町《みはまちょう》大字河和《こうわ》字北田面《きただめん》106」(美浜町役場)といった大《おお》字《あざ》・小字《こあざ》(以後、字《あざ》と表記)を用いたものも珍しくない。後者の住所は美浜町の「河和」という大字に属し、その中の「北田面」という字の106番地であることを示す。

簡単に言えば、大字は江戸時代の村である。美浜町の大字河和も、江戸時代には知多郡河和村であった。明治の町村制施行で近代的な自治体制度がスタートした1889(明治22)年に、河和村と隣の浦戸村が合併、自治体としての河和村が発足したが、合併した旧2村はそのまま河和村大字河和、河和村大字浦戸となっている。

一方、字はおおむね江戸時代の村の中にあった狭い範囲の地名であり、全国には字の他に小名、下げ名といった呼び名もあった。明治の地租改正で地番を振る際には、大きさや形状がまちまちだった字の区域を整理整頓されたところが多い。字の名称も歴史的なものが保存されることもあれば、頭文字どうしを合成して新設したもの、数字や甲乙丙を付けるなど、地域により字の扱い方は異なった。

なお、字を「小字」と呼ぶのは、「大字」と区別するためと思われ、実際に「小字○○」と表記するところは珍しい(京都府相楽《そうらく》郡、乙訓《おとくに》郡など)。その後は地域の都市化に伴う町名地番や市制施行で「大字○○」を「○○町」に変更したのを機に小字を廃止する事例も多く、このため市の範囲では大字・小字が大幅に減少している。

# 第3章

# 消えた東京の地名

## ——23区編

新宿・角筈

# 実は新宿駅一帯に広がっていた地名

## 戦国時代以来の由緒ある地名

日本最大の乗降客数を誇る新宿駅。

その南口に面した6車線の甲州街道を西へ数分歩けば、「角筈《つのはず》二丁目」というバス停（東京都交通局・京王バス・小田急バス）にたどり着く。都庁にほど近い大都会のまん中にもかかわらず、バスはたまにしか来ないので存在感は薄いが、この停留所は旧地名を保存している点で貴重な存在だ。

現在、ここは新宿区西新宿一丁目（通りの南側は渋谷区代々木二丁目）という町名で、

**角筈の名が完全に消えたのは40年以上も前の1978（昭和53）年**だから、都内に生まれ育ったのに読めない人がいても無理はない。

**西口どころか、角筈は現在の新宿駅の東側も含んでいた。**盛り場として全国的に名の知れた歌舞伎町も、戦後の1948（昭和23）年に、角筈と東大久保の各一部を割いて誕生したものである。もっとも歌舞伎座を作る構想に従って町名を決めたのはよいが、結局は計画倒れに終わった。

角筈という地名は、戦国時代には文書に見られる由緒あるもので、その珍しい地名の由来はいくつかの説がある。**当地を開発した渡辺与兵衛《よへえ》の髪の結い方がツノのある独特なもので、「角髪《つのがみ》」などと呼ばれるうちに、弓矢の道具「角筈」の字に転じた、**などと解説されてきた。

## 新宿にはなかった新宿駅

新宿駅は1932（昭和7）年9月30日までは東京市域の外側に接する郡部で、東京市内に編入されて淀橋区（現新宿区の一部）となる以前の所在地は、**東京府豊多摩郡淀**

新宿駅をはさんで東西一帯に広がっていた「角筈」の地名。一帯を開発した渡辺与兵衛の名も地名に。京王線の起点「新宿追分」は現新宿三丁目交差点のあたり（いずれも四角囲みのところ）
（1:10,000地形図「四谷」大正10・1921年修正）

1978（昭和53）年までに角筈の地名は消えた（地理院地図 2024年8月26日DL）

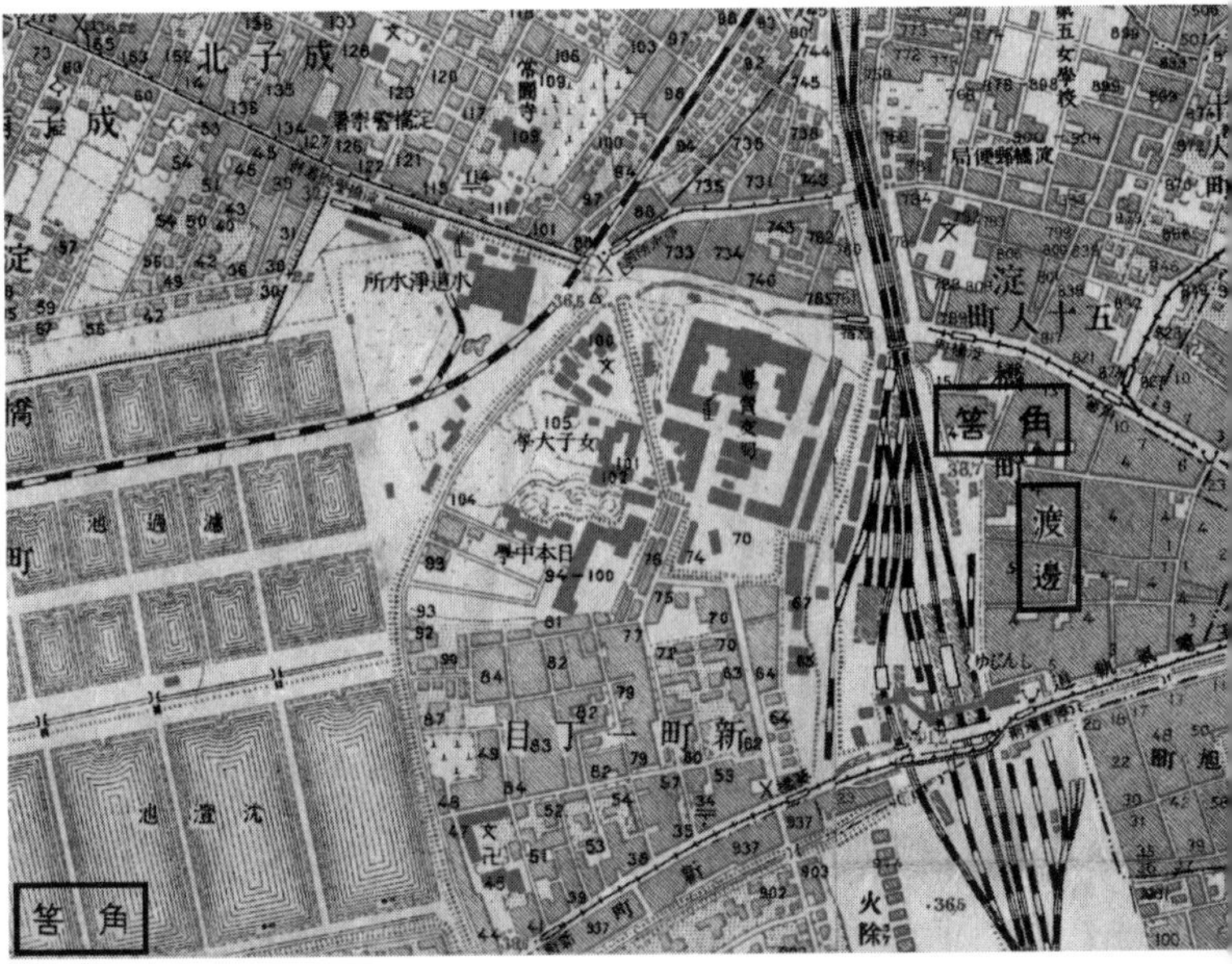
角筈
渡邊
角筈

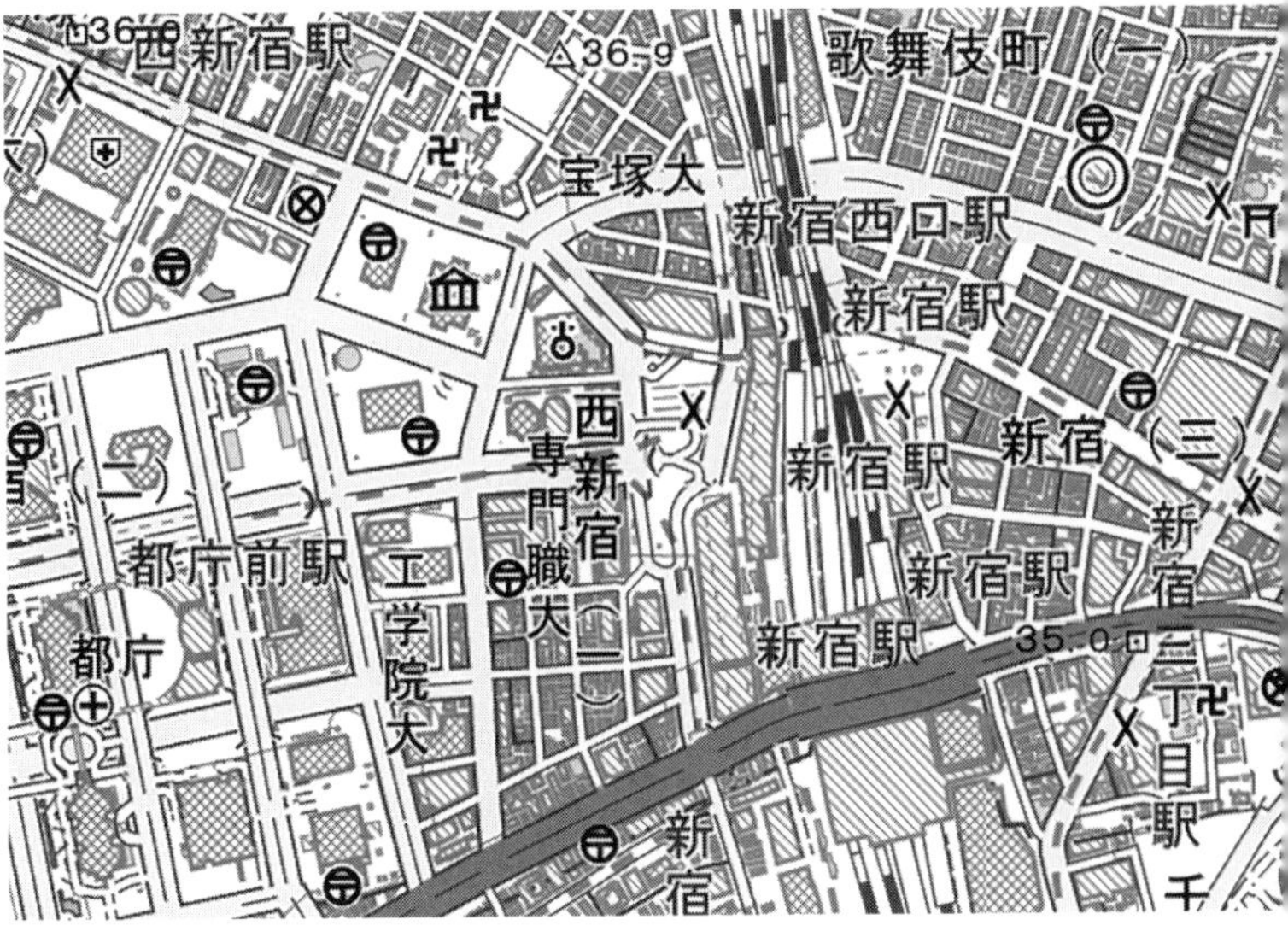
西新宿駅
歌舞伎町(一)
宝塚大
新宿西口駅
新宿駅
新宿(三)
西新宿
専門職大
工学院大
都庁前駅
都庁
新宿三丁目駅

**橋町大字角筈字渡辺土手《どて》際《ぎわ》**と称した。くだんの与兵衛さんが屋敷に巡らせた土手際の土地に、毎日１００万人単位の人がごった返す場所が誕生しようとは、ご本人も想像さえしなかっただろう。東京市内となってからは大字角筈から「角筈一丁目」に変わっている。

１８８５（明治18）年に新宿停車場が開業してちょうど30年遅れた１９１５（大正４）に笹塚方面から延伸してきた京王線（京王電気軌道）は、現在の新宿駅西口ではなく、甲州街道の路面を走って新宿三丁目の交差点まで乗り入れていた。最初の停留所名は「新宿追分《おいわけ》」と称したが、後に「四谷新宿」と改めている。「省線（国鉄）の新宿駅は郡部だけど、わが京王のターミナルは東京市内（四谷区）だからね」というアピールだったのかもしれない。

国鉄新宿駅の住所が角筈一丁目から現在の新宿三丁目に変わったのは１９７３（昭和48）年の元日であった。**その後、角筈の地名は現在の歌舞伎町エリアにごく一部が残っていたが、１９７８（昭和53）年には完全に消えている。**

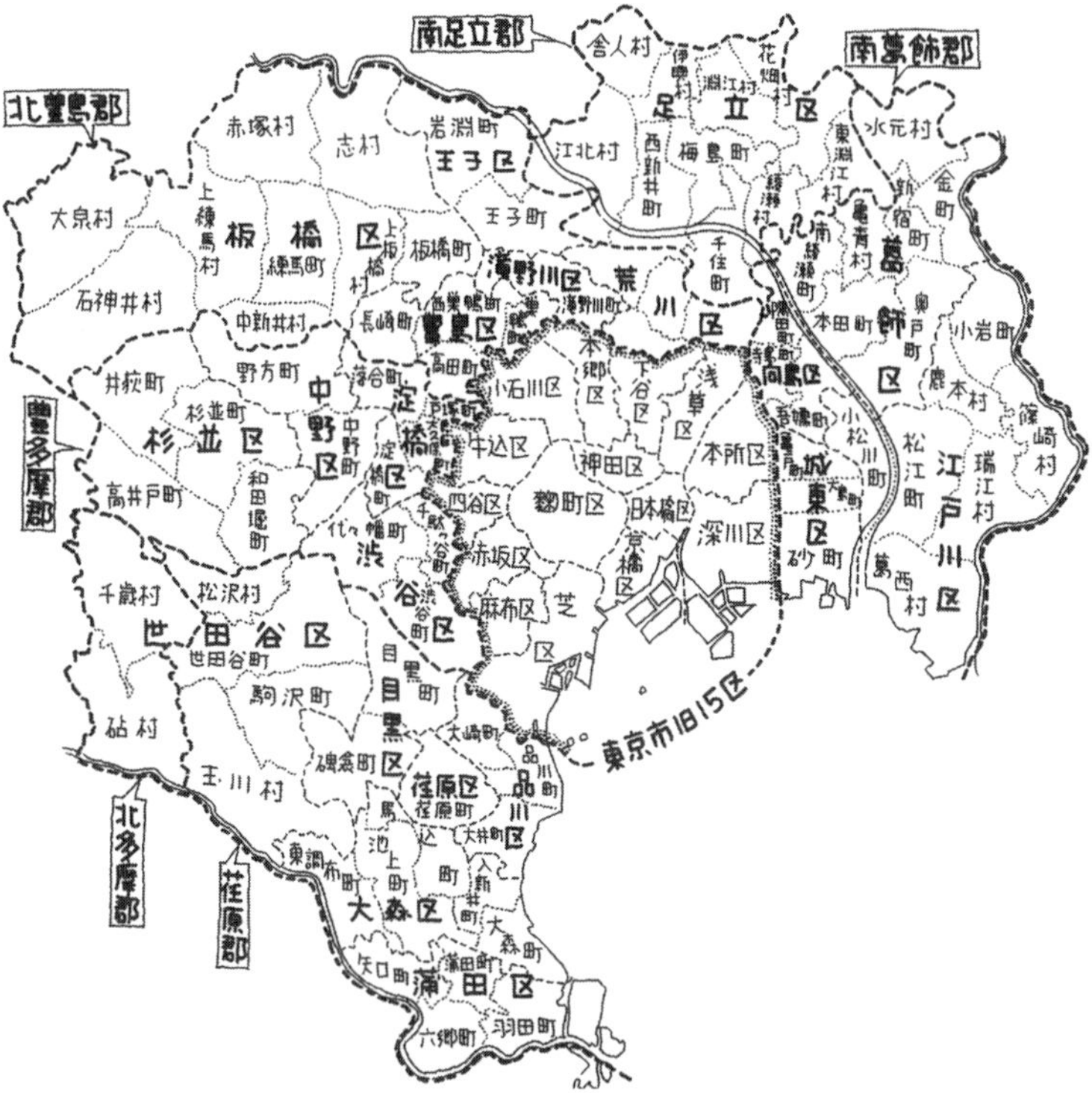


東京市の旧15区（中央）と、昭和7・~11年に拡大した「大東京市」の市域。周辺の82町村が20区に編成されて、「大東京市」全体で計35区となった。
これが1947（昭和22）年に、現在の23区に整理統合される
（作図・著者／新潮社『住所と地名の大研究』より）

丸の内・八重洲町

# 「八重洲」はかつて丸の内側にあった

## ヤン・ヨーステンの屋敷にちなむ

「八重洲」は東京駅の東側に現存するが、消えた「八重洲町」は、丸の内側にあった。最初から混乱させるようで申しわけないが、この地名は、江戸時代に日比谷濠《ぼり》に面していたオランダ人ヤン・ヨーステン（貿易家で徳川家康の外交顧問を務めた）の屋敷にちなむ。一帯は武家地で「町名」がなかったため、１８７２（明治５）年にいわゆる「大《だい》名小路《みょうこうじ》」（かつて大名屋敷が並んだことから付いた通称）の一画に命名されたのが八重洲町の地名だ。

## 皇居を向いていた東京駅に、「八重洲橋口」ができた日

東京駅は1914（大正3）年12月20日に開業したが、この時に現在の丸の内南口を乗車口、北口を降車口として乗降を分け、動線を分離した。

その一方で東側には外濠があり、当初は出入口が設けられなかった。銀座や京橋などの繁華街を含む町場はむしろこちら側に集まっているのだが、当時の東京駅はもっぱら（西側の）皇居を向いていたのである。このため京橋方面の人が駅を利用するには、南側の鍛冶橋《かじばし》や北側の呉服橋《ごふくばし》を大きく迂回しなければならなかった。**1929（昭和4）年の12月16日にようやく駅東側に出入口が設置された。**

1939（昭和14）年発行の『鉄道年表』（原田笹一郎編・鉄道教育会）には、「東京駅裏側（槙町《まきちょう》方面）乗降口新設工事竣工使用を開始す」とあり、「八重洲口」との記載はない。手持ちの資料で出入口名が明記してあるのは、1932（昭和7）年発行の「大東京最新明細地図」（東京日日新聞）の東京停車場構内図で、ここに描かれた小規模な出改札口に「八重洲橋口」の名が見える。

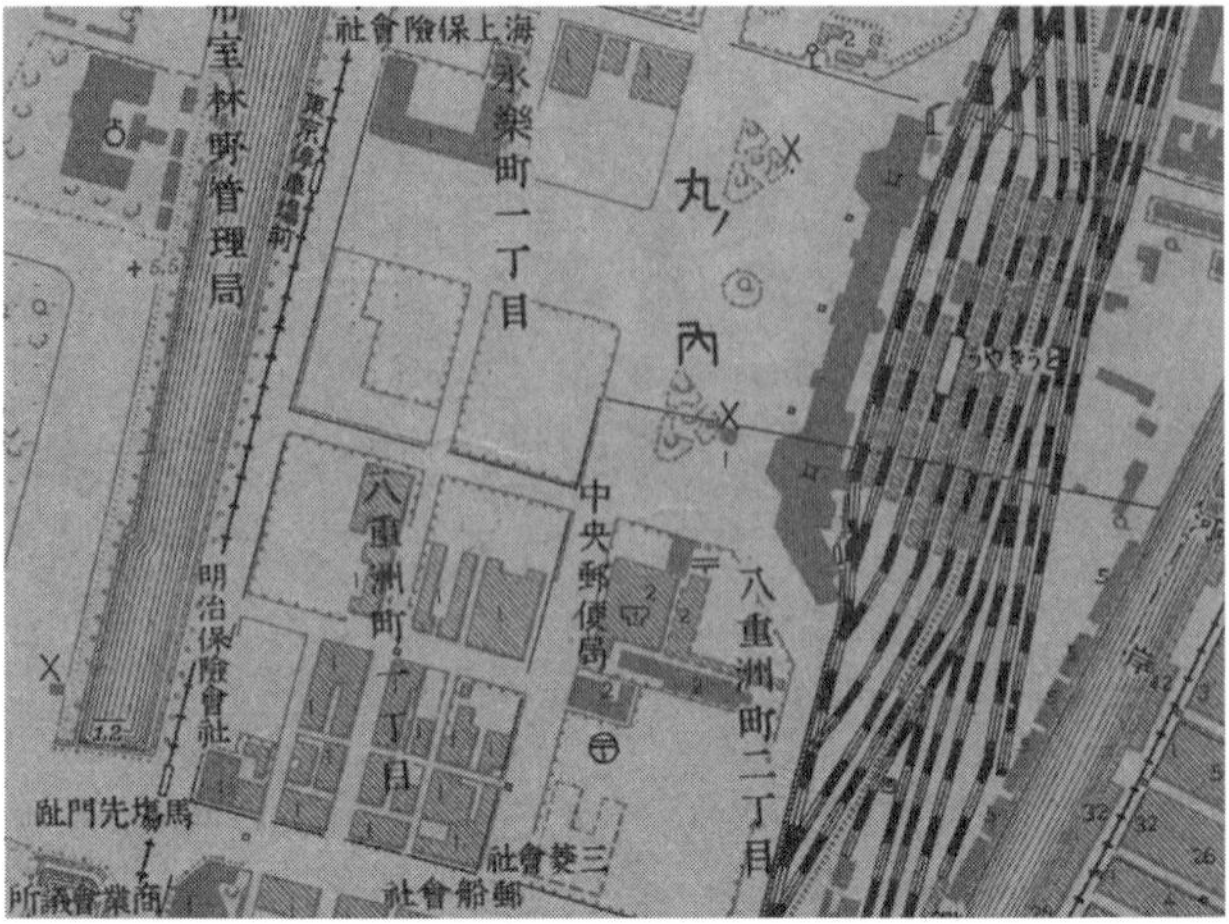


丸ノ内にあった頃の八重洲町。東京中央郵便局
（現千代田区丸の内2丁目）がある辺り（1:10,000「日本橋」1919・大正8年鉄道補入）

実は外濠にはかつて、八重洲橋が架かっていた。**東京駅ができる以前の１８８４（明治17）年に架けられたもので、京橋方面から「八重洲町へ向かう」ための木橋であった。**しかし東京駅の完成でその東側に機回し線（機関車を客車の前から後ろなどへ付け替えるための線路）などが敷設され、出入口も設けられなかったため撤去された。再建されたのは関東大震災の復興事業が進む１９２５（大正14）年のことである。**肝心の八重洲町は、同事業に伴う町名地番整理で、１９２９（昭和4）年に丸ノ内（現丸の内）二丁目に統合され、そこで八重洲を名乗る町名は消えた。**

## 戦後の町名統合で「八重洲」が復活

手痛い敗戦を喫した焼け野原の東京では、大空襲で生じた瓦礫の捨て場に外濠が選ばれたため、そこに架かる八重洲橋は廃止となった。八重洲橋口から「橋」の字が外されたのはおそらくその時期だろう。

**1954（昭和29）年には旧日本橋区の「日本橋呉服橋」と旧京橋区の「槙町」が統合したが、その際に知名度の高い「八重洲」と命名されて現在に至る。**日比谷の堀端に生まれた八重洲（町）はいったん消え、そちらへ向かう道に架かっていた八重洲橋の名を冠した出入口の縁で、四半世紀後に道路となった外濠の東によみがえった。

町名も現代史に翻弄されたのである。

新橋・烏森町

# 「烏森口」に記憶された旧名

## 日本の鉄道発祥地

株価の下落、消費税率の引き上げ、働き方改革……。そんなニュースのたびに、お約束のようにテレビに登場するのが新橋駅頭のサラリーマンたちだ。背後に映り込む駅前広場に置かれた蒸気機関車は、1872（明治5）年に日本初の鉄道がここ新橋を起点にしたことを記念したものである。

厳密に言えば、当時の新橋駅（新橋停車場）は、汐留口を出た先の高層ビルが建ち並んだ場所にあった。現在では当時の駅舎が再現されている。それが1914（大正3）

年の東京駅開業に伴い、貨物専用の汐留駅に名前と役割を変え、1986（昭和61）年まで稼働していた。なお現在の新橋駅は、「烏森駅」という名で1909（明治42）年に誕生。のちに東京駅が開業して貨物の汐留駅が生まれるタイミングで、新橋駅の名を受け継いだ。

## 「烏森駅」の由来

さて、その新橋の町名が「昭和生まれ」であることはあまり知られていない。「新橋停車場は明治以来ではないか」と言われそうだが、駅名はあくまで外濠に架かっていた橋の名をとったものだ。

新橋が正式に町名となったのは、関東大震災の復興事業に伴う町名地番整理の時で、江戸時代からの町を含む11町――芝区新幸町《しんさいわい》、二葉町、芝口《しばぐち》一～三丁目、汐留町一丁目、日蔭町一～二丁目、烏森町《からすもり》、愛宕下町《あたごした》一～四丁目、源助町《げんすけ》、露月町《ろうげつ》、柴井町、宇田川町と官有地が、1932（昭和7）年に新橋一丁目から七丁目にまとめられた。戦後はさらに住居表示の実施で六丁目までに再編成されて現在に至っている。

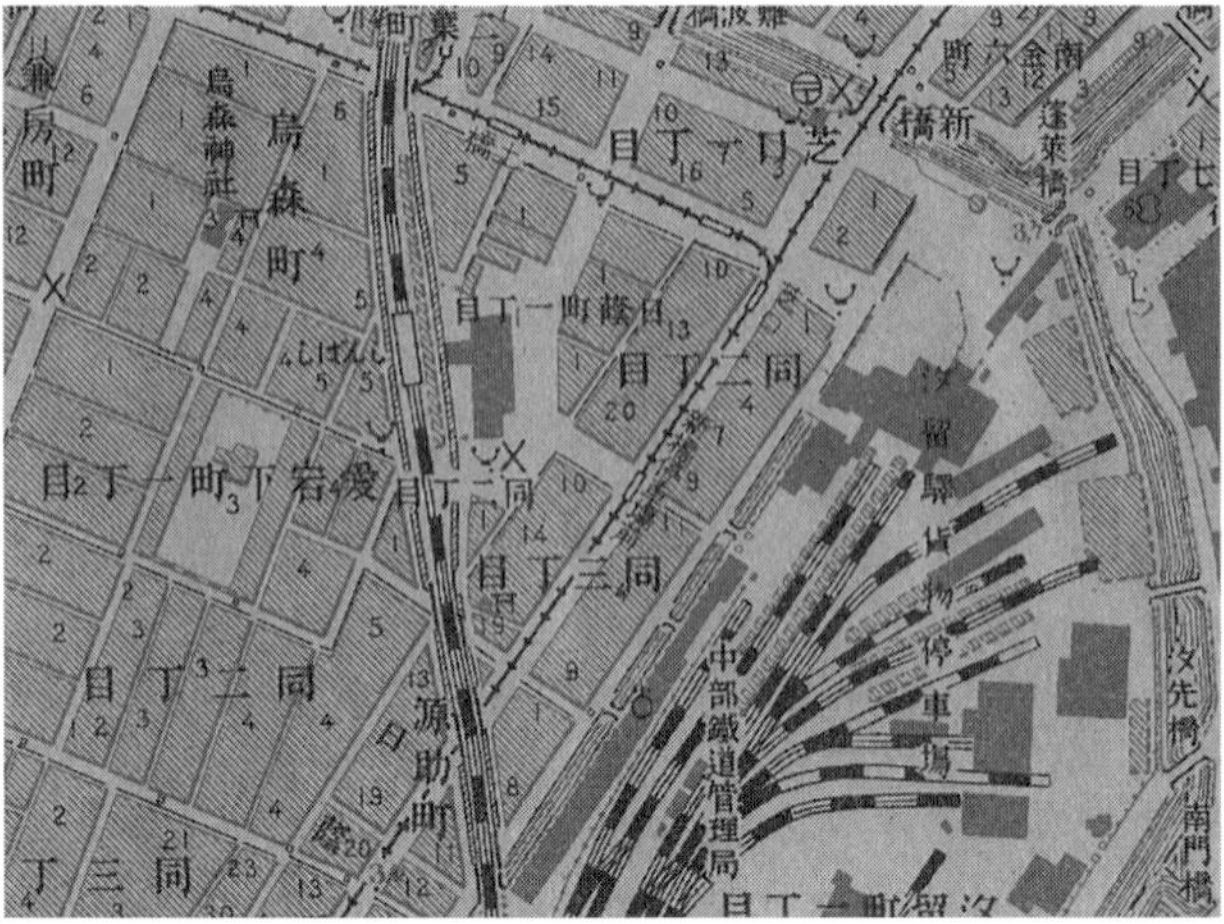


昭和のはじめまで烏森町という町名が存在した。1914(大正3)年まで現新橋駅は「烏森駅」と称した(1:10,000地形図「新橋」1916・大正5年修正)

この旧11町の一つが烏森町だ。東京駅より一足先の１９０９(明治42)年に烏森駅が設けられると、ここから品川、新宿、池袋を経て上野まで「C字形」に運転を開始している。それが前述のように東京駅開業日に改称、現在の新橋駅となった。今もその名残で西側が「烏森口」なので利用者にはよく知られている。なお烏森町のエリアは江戸期には武家地だったのでもともとそこに「町名」は存在しなかったが、１８７８(明治11)年に域内の烏森神社にちなんで命名された。

## ガード下に刻まれた旧町名

新橋に統合された11町の多くは、90年以上経った今ではほとんど忘れられているが、意外に身近なところに残っている。

**仕事の後の一杯を求めてサラリーマンが集うガード下である。**

その上の方に、架道橋（ガード）の名称を記したプレートが、きちょうめんに貼り付けてあるのはご存じだろうか。それらは今も、旧町名を名乗っている。**烏森橋架道橋の先には、日蔭町橋、芝口橋、源助橋、汐留橋、新銭座という具合に、旧町名を冠した架道橋、高架橋が続いているのだ。**

興味のある人はガードを見上げながら上野まで北上すれば、昭和初期に消えた町名がたっぷり味わえる。足下と自動車にはくれぐれもご注意を。

渋谷・景丘町

# 「恵比寿」の地形を表現

## そこかしこがビール名に置き換えられた

1966（昭和41）年に東京都渋谷区から、景丘町《かげおかちょう》（現恵比寿東一丁目および恵比寿三丁目と四丁目）の名が姿を消して早くも半世紀以上が経ち、この町名を知る人も少なくなってきた。

最寄り駅は、JR山手線の恵比寿である。

この駅は1901（明治34）年の開業だが、もともとはビール会社の原料などを運ぶための貨物駅として発足したため、ビールの商標を（おそらく気軽に）名乗ったようだ。

当初の営業範囲を示す公文書にも「日本麦酒株式会社に発着する貨物のみ取扱ふ」とある。それが後に旅客を扱うようになった。おそらく沿線人口が増えて地元からの要望があったのではないだろうか。

**山手線の駅名になった影響は絶大で、1928（昭和3）年に恵比寿通という町名が誕生したのを始まりに、戦後になると一帯は恵比寿と恵比寿東、西、南が登場して広範囲がビールのブランド名に置き換えられていった。**

その中で消えていった町のひとつが、景丘町である。

## 目黒川の谷を望む「景勝の地」として

恵比寿通と同じ1928（昭和3）年に誕生したこの町名は、エリアの大半を占めていた豊多摩郡渋谷町大字下渋谷の小字「欠塚《かけづか》」にルーツをもつ。**都市化が急速に進んでいたこの地区で町名を設定する際に、目黒川の谷を望む景勝の地として「佳景丘《かげおか》」が提案され、景丘に落ち着いたのだという**（『角川日本地名大辞典』）。

まだ欠塚の時代であった1919（大正8）年に創立したのが、現在の渋谷区立加計《かけ》

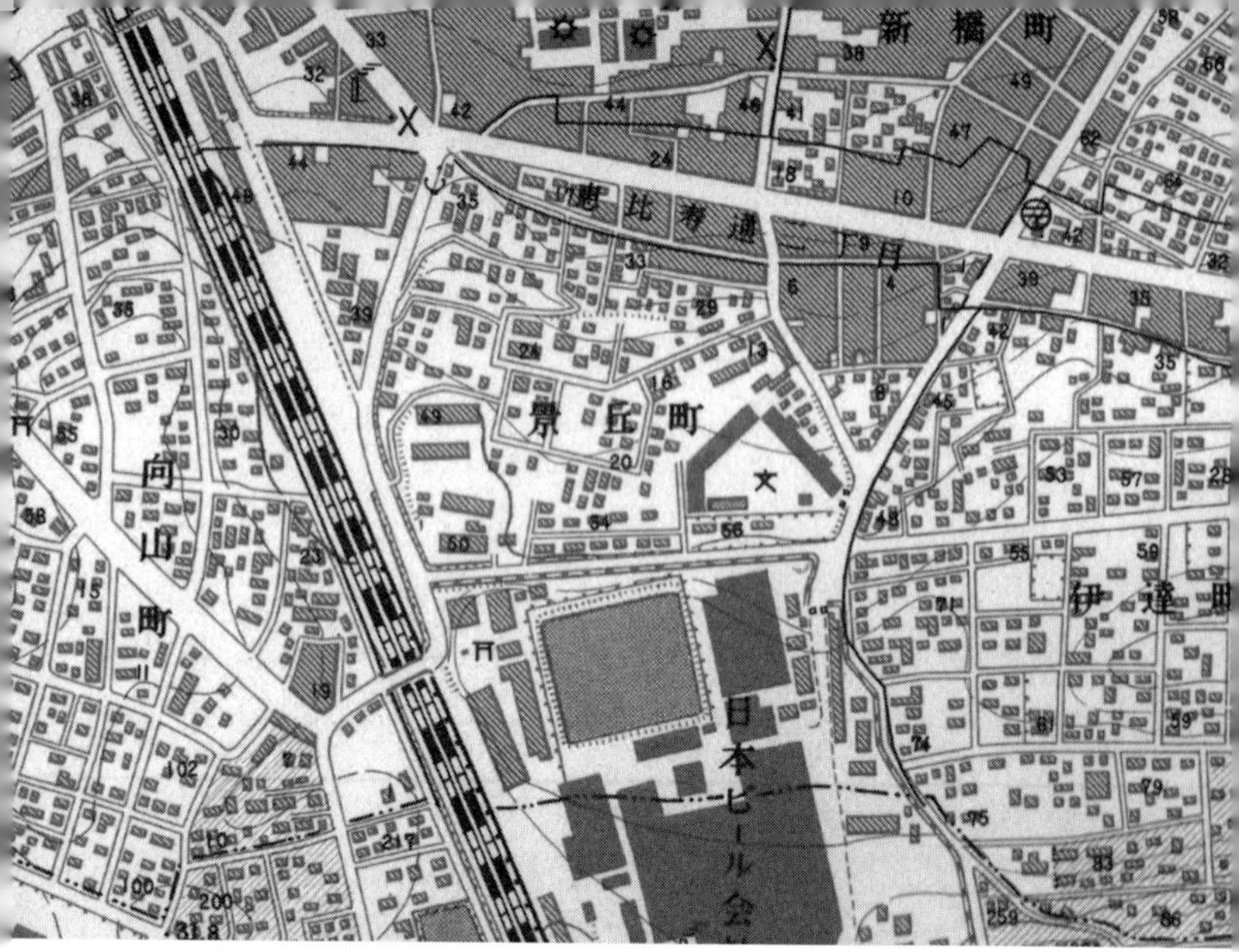


JR恵比寿駅の南東側が景丘町だった頃。後にビール工場由来の恵比寿の地名に置き換えられた（1:10,000地形図「三田」1959・昭和34年資料修正）

塚《づか》小学校だ。学校名には地名を採用することが多いが、「欠」の字を入れるのには抵抗があったためか、「好字」に入れ替えている。**一帯が見渡す限り「恵比寿地名」に変貌した今、読みだけとはいえ小学校名が歴史的地名の記念碑の役を果たしているのは貴重なことではないだろうか。**

## 地名は失われても、地形は失われず

そもそもカケまたはカキのつく地名は、崖に由来するものが多く、全国的に見れば欠の他に掛、影、陰、懸、加計、垣、柿などさまざまな字が当てら

**れる。**

恵比寿付近で崖といえば、目黒川が土砂を堆積させて作った沖積地と、これを俯瞰する台地の境界を成す裾の部分が急斜面になっており、これを指したものだろう。

この急斜面を山手線の電車は、五反田駅付近から少しずつ上り、目黒駅の先にある目黒川と渋谷川の分水界を過ぎて、恵比寿駅への下り坂へ続く。その分水界あたりを流れていたのが三田用水である。遠く西多摩の羽村で取水して武蔵野台地を流れ下る玉川上水からの分水で、江戸時代初期の1664(寛文4)年に通水した。この用水沿いにビール工場が建設されたのも、良質な水が安定して得られたからである。

カケの地名は失われたが、その崖地を、山手線の電車は毎日数え切れないほど上り下りしている。崖の上を高く流れる用水が工場を立地させ、そこで製造される黄金色の飲料ブランドが駅名となり、やがて町名になった。

赤坂・溜池町

# 江戸市民の喉を潤した溜池

## 江戸時代に築かれたダム

超高層ビル「虎ノ門ヒルズ」（東京都港区）をぐる環二通り。赤坂方面へ進めば外堀通りに合流するが、その辺りはわずかに小高くなっている。

これは江戸時代に築かれたダムの名残で、現在の特許庁から米国大使館を結ぶ道路の高みがわずかな痕跡だ。

そこから赤坂見附にかけて江戸初期に飲料水をまかなった溜池があり、ダムはそのためのものである。

その後この溜池は玉川上水の開通で不要となり、承応年間（1652〜55年）には、一部が埋め立てられた。明治初期の地図には、水面が少し残る湿地が描かれているにすぎない。

## 東京有数の盛り場となった「溜池町」

**銀座通りに馬車鉄道が走り始めた1882（明治15）年にはダムも取り壊されたが、そこから溜池交差点の少し先までは、約半世紀前まで「溜池町」と称した。**

溜池町は1888（明治21）年、その溜池の跡地に赤坂田町五〜七丁目の一部を加えてできた町である。明治期には料理店や待合などが置かれて、東京有数の盛り場として賑わったという。

1905（明治38）年には都電の前身会社の一つ東京電気鉄道（外濠線）に溜池停留所も置かれ、関東大震災後の1925（大正14）年には、六本木方面への路線が分岐する交通の要衝となった。

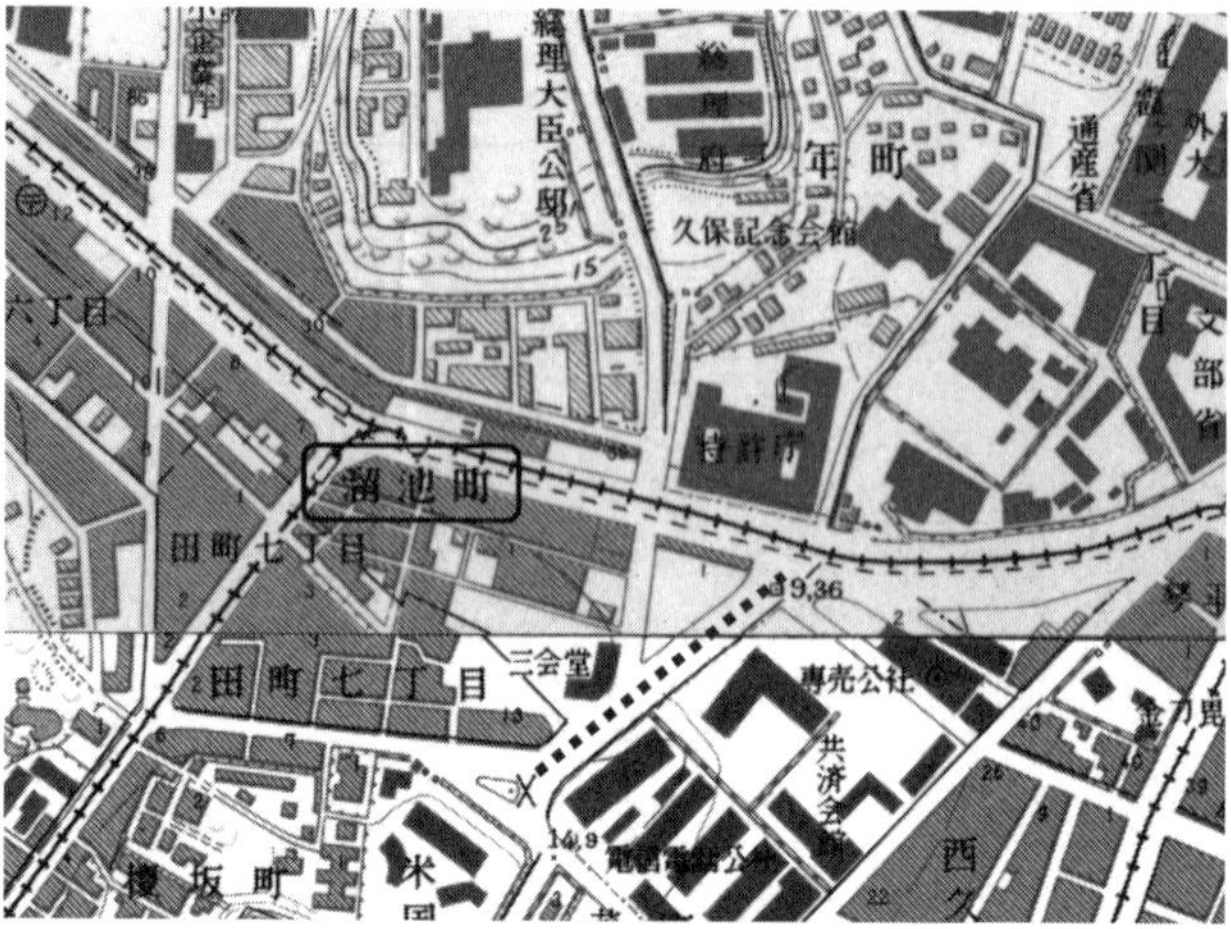

昭和40年代はじめまで溜池町など由緒ある地名が残っていた
（1:10,000「新宿」+「三田」両図とも1959・昭和34年資料修正）

## 駅名として存続

戦後になって、道路が霞が関方面へ通じて十字路となるが、住居表示法に基づく町名の大々的な統廃合で1966（昭和41）年に赤坂一・二丁目の一部となり、田町や福吉町など由緒ある町名ともども、あっけなく消えてしまった。しかし、外堀通りと六本木通りが交差する、大きな溜池交差点が知名度の高さを保ったためか、**1997（平成9）年に東京メトロ南北線と銀座線に駅が新設された際には、「溜池山王」という名称が選ばれた。「山**

**王」は山王日枝神社の最寄りであることにちなむ。都電では溜池停留場の次が山王下だったので（1967年廃止）、地下鉄の駅名は両者を合併したものとも言えるだろう。**

このあたりは首相官邸のある永田町の台地の真下に位置し、近現代史をまさに〝砂かぶり〟で見つめてきた場所である。1936（昭和11）年の雪の日に起きた二・二六事件の際、官邸にいた岡田啓介首相は難を逃れたが、このクーデター未遂事件で何人もの犠牲者が出ている。溜池町から赤坂見附、半蔵門に至る電車通りでは、兵士たちが反乱軍を包囲すべく陣を構えていた。

今は溜池交差点の上を通る首都高速道路も含め、おびただしい車が絶えず往来している。

品川・下神明町

# したたかに生き残る「蛇」

## 江戸時代から続いた地名「下蛇窪」

東急大井町線の電車が起点の大井町駅を出ると、すぐ次が下神明《しもしんめい》駅である。しかし所在地は東京都品川区西品川一丁目で、地図を探してもその近所に下神明という町名は見つからない。それもそのはずで、この町名は80年以上も前の1941(昭和16)年に消えている。

**もともとこの一帯は下蛇窪《へびくぼ》という地名で、江戸時代から下蛇窪村として続いてきた。**上蛇窪村と対で、その由来について江戸時代の地誌『新編武蔵風土記稿』には、「此辺

左下の下蛇窪の地名は、1932（昭和7）年の東京市編入とともに下神明町に改称した。戸越駅は現在の下神明駅（1:10,000地形図「品川」1929・昭和4年修正）

湿地なれば蛇の多くすめるによりて村に名づけしにや」とある。

他には源平合戦の頃に兵を備えた窪地、すなわち「兵備窪《へいびくぼ》」が転じたというこじつけのような説も伝わっているそうだ。

## 嫌われた「蛇つき地名」

**下蛇窪が下神明町（上蛇窪は上神明町）に改称されたのは、１９３２（昭和７）年10月、荏原《えばら》郡荏原町（旧平塚村）が東京市に編入され、荏原区になった時のことである。**町名は蛇窪の鎮守である神明社（現天祖神社）にちなむ。

編入前のこのエリアを含む平塚村は、1920（大正9）年の国勢調査で人口が8522人だったのが、27（昭和2）年に荏原町と改称、1930（昭和5）年には13万2108人となり、10年間で実に15・5倍という驚異的な増加率を記録した。これは後の1932（昭和7）年に東京市に編入される82町村の中でトップである。

目黒蒲田電鉄（現東急大井町線と目黒線・多摩川線）や池上電気鉄道（同池上線）の相次ぐ開業が宅地化を促進したのだが、**新住民には「蛇つき地名」が嫌われたようだ。**荏原町議会でも、「蛇を嫌う国民性から不適当」として、改称の建議書を提出している。

## 駅名と信号場に名をとどめて

しかしその後、1941（昭和16）年4月には、荏原区全体の町名整理が行われ、**ここで上・下神明町は、豊町と二葉町などに再編成された。**そんなわけで結局この町名は8年半しか存在しなかったことになる。

下神明駅は当初「戸越駅」と称したが、町名がまだ健在だった1936（昭和11）年に下神明と改称されたため、かろうじて現在までその名をとどめている。ついでにいえば、**下神明駅のすぐ西側の高架下でＪＲ横須賀線と湘南新宿ラインが分岐する地点（正式には大崎駅構内）は、乗客には関係ないが今も「蛇窪信号場」と呼ばれている。**

蛇はしたたかに生き残っているのだ。

目黒・油面

# 寺の灯明に使う油は免税されていた

## 目黒にあった競馬場

東京都目黒区には、1933(昭和8)年まで目黒競馬場があった。その後は府中に移転して、跡地は住宅地になっているが、曲線コースの一部がそのままカーブを描く道路として残っている。これに面した電柱に掲げられている「馬場文」というプレートも貴重だ。それより目立つのが、目黒通りの「元競馬場前」というバス停で、多くの人に地域史を今に伝える役割を果たしている。

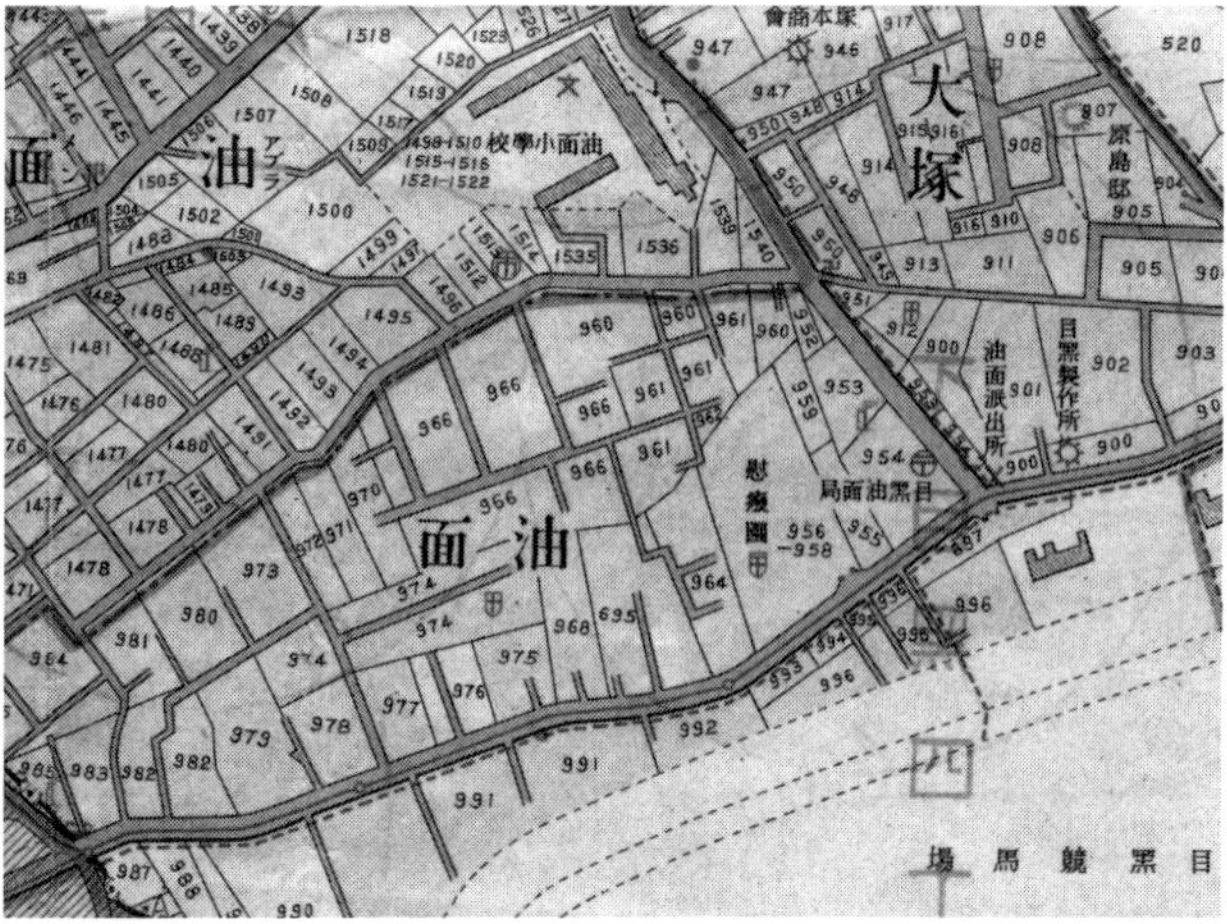


油面は菜種油の税を免じた歴史を反映する地名で、
図は小字として残っていた頃（小林又七「目黒町全図」1932・昭和7年2刷）

## 本来は「油免」だった

そのすぐ西側にあるのが、かつての地名を伝える記念碑のような、油面《あぶらめん》交差点だ。「油面」という旧地名は、現在でも油面小学校や油面交番などに残っているので、地元での知名度は高い。

かつては荏原郡目黒町にあった小字《こあざ》で、１９３２（昭和７）年に東京市に編入された際、目黒区中目黒と下目黒の各一部となって消えた（その地域は現在の中町に含まれる）。

区役所による地名の由来を記した立て札によれば、江戸中期から一帯は菜の花栽培が盛んで、絞った菜種油は祐天寺などの燈明の用途として奉納された。**絞油業者は油税が免除されていたらしく、「油製造により税が免ぜられる村」、つまり〝油免〟が、この地名の始まりといわれているそうだ。**

ちなみに免が面に転じる程度の表記の変化は、地名の世界ではまったく珍しくない。

## 「免税地名」は、全国各地に

「免税地名」は全国に多く残り、菜種油関連では、埼玉県行田市大字持田に油免がある。旧浦和市（現さいたま市桜区）に１９８５（昭和60）年まで油面という地名があった。

他には島根県の出雲大社のすぐ東側に、大社の修理を担う代わりに租税を免ぜられた「修理免《しゅりめん》」、新潟県上越市には、新しい開拓村にいた鍛冶に対して貢納が免除された「鍛冶免分《かじめんぶん》」、高知県南国市には、荒れ地を開拓する者に年貢と諸役を免除したことにちなむ「後免《ごめん》」など、さまざまな種類の免税にちなむ地名が点在している。

新田開発の奨励のため、また寺社にまつわる税の減免など、世情に応じた政策はずっと昔から行われていたのだ。

荒川・三河島

# 実は区名の候補になっていた

## 中世から続く歴史ある地名

JR日暮里駅を出た常磐線の列車が右へ大きくカーブを切り、次に停まるのが三河島駅（東京都荒川区）である。駅名が現役なので、町名が約半世紀前に消えたことはあまり知られていない。

**地名としては古く、小田原北条氏の家臣であった細谷三河守の所領として「三川ケ島」の記載があり、その後は江戸期を通じて三河島村であった。**地名の由来は「3筋の川に囲まれた中洲」という地形説、「三河守」の知行地説、三河（愛知県東部）からの入植にちなむ説など、いろいろある。一帯は豊島郡峡田《はけた》領に含まれていたが（ハケは崖の意）、読み方が珍しいこの領名は、今も三河島駅の少し北にある峡田小学校に、その名をとどめている。

**町村制が施行された1889（明治22）年に、隣接する三ノ輪村、金杉村などと合併、自治体としての「三河島村」が誕生した。**辺りは大正期に市街化が急速に進み、1920（大正9）年の町制施行時に2万弱だった人口は、その12年後には4倍以上の8万8千人台にまで急増している。

**ちなみに1940（昭和15）年の荒川区の人口は約35・1万人と、当時の東京市35区の中では最大で、**2位の豊島区（約31万人）以下を大きく引き離している。ちなみに現在では最大人口（92・3万人＝2024年8月1日推計）を擁する世田谷区は、当時3位の28・2万人であった。これに対して現在の荒川区は22・1万人（同年月日推計）と当時の3分の2以下に減少している。

市街化が急だったこともあり、表通り以外は、今も多くの道は農村時代からの屈曲した細道だ。駅にほど近い三河島稲荷神社には、かつて当地で栽培されていた三河島菜や三河島枝豆の歴史について記した看板が掲げられている。

## 荒川区ではなく、三河島区の可能性もあった？

戦後の1962（昭和37）年には、列車の多重衝突で160人の犠牲者を出した三河島事故が起き、地名は一躍全国区となった。地名が消えたのはこのためとする説もあるが、これは違う。私もかつてその説を安易に自著に記してしまったが、実際には事故前から町名地番整理で「荒川」などの新町名に着々と置き換えられつつあった。完全に消えたのがたまたま事故後だったので誤解されたのかもしれない。

**荒川区成立の際には、「三河島区」の候補さえあった由緒ある地名**なのだから、今から町名の復活を考えても遅くはない。

財産番号としての地番は従前と変わらないので、不動産取引の場合には引き続き地番を用いる。ただしふだんの生活では住居表示しか使わないので、地番を覚えている人は少ない。家の売買などで地番を表記する必要が生じたら法務局に備え付けの「ブルーマップ」で確認するのが一般的だ。もちろん住居表示を実施していない区域では、従来通り地番で住所を記載する。

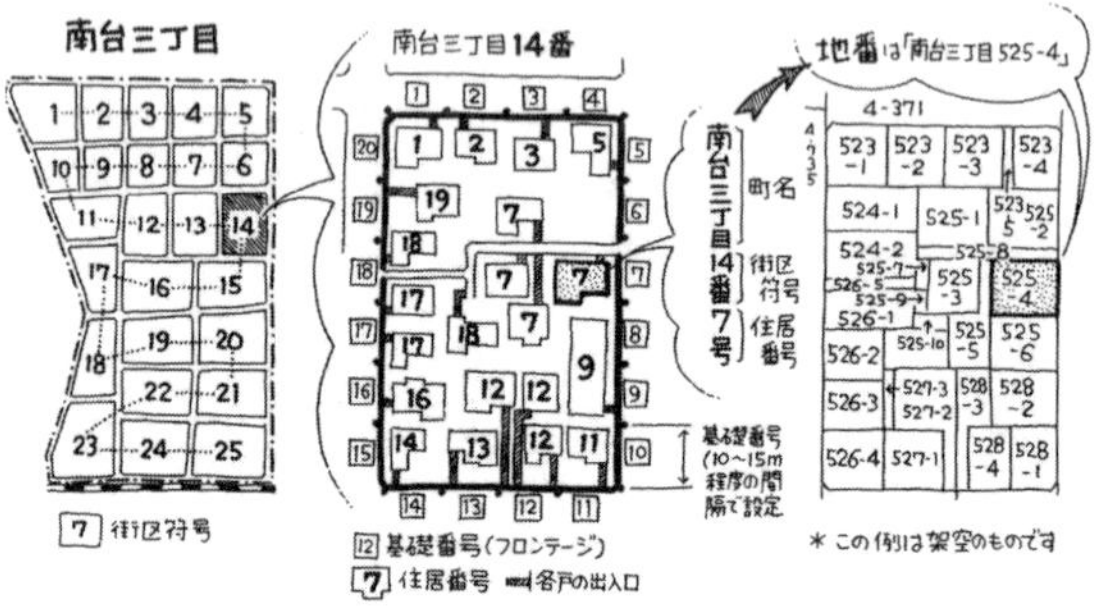


日常的に用いる「住居表示」は、南台三丁目14番（街区符号）7号（住居番号）。財産番号である「地番」は、南台三丁目525-4
（作図・著者／新潮社『住所と地名の大研究』より）

住居表示実施済み区域での典型的な形として「南台三丁目14番7号（略して南台3－14－7)」を例に挙げた（上図）。ところが同様の表記でも「住居表示」ではない住所の整理を行っている自治体がある。**「町名地番整理」**の実施区域だ。戦前から存在する制度で、区画整理などを機に、地番そのものを整然とわかりやすく付け直す方式である。原則は1つのブロックに1つの「親地番」を設け、その中の住宅や事業所などに枝番号（支号）を順に割り振る。「3－14－7」の3が丁目、14が親地番、7が枝番号になる。住居表示は実施せず、地番そのものを整理するので、「地番」と「住所」が一致する。各自治体の整理法は公式サイトを確認しよう。

# 同じ地点に二つの「住所」がある不思議

## 「地番」と「住居表示」の違いとは

マンションや分譲住宅のチラシを見ると、たとえば「本町一丁目325番地（地番）」と「本町一丁目23番5号（住居表示）」といった二通りの「住所」が示されていることがある。同じ場所になぜ異なる表記があるのだろうか。

**「地番」**は、土地という財産の番号だ。ルーツは明治初期の地租改正にさかのぼる。江戸時代までは農民なら年貢、町人なら「地《じ》子銀《しぎん》」といった現金で納めていた税（例外はいろいろある）を、金《きん》納《のう》に統一すべく行われたのがこの事業だ。土地の詳細を1筆ごとに調べ、地目（田畑や山林、宅地などの種別）と面積と地番を明示した「字引絵図」にまとめ、これに土地台帳が紐付けられた。

その地番を、日本では住所を表わす際に流用したのである。ところが人口急増地域では土地が何度も細分化され（分筆）、地番が複雑化していく。住所を尋ねるのは苦労するし、荷物が届かない、緊急車両も迷子になるなど事態は深刻化する。

そこで、土地の状況にかかわらず、将来にわたって不変の表示を検討した結果、考え出されたのが**「住居表示」**だ。

道路で囲まれたブロックごとに「街区符号」を付け、そのブロック内を時計回りに振ったハウスナンバー（基礎番号に基づく「住居番号」）とした。「○○一丁目」という町名の下に街区符号－住居番号と並ぶので、「○○一丁目○番○号」という形がスタンダードだ。

第4章

# 変わりゆく東京の地名

——三多摩編

小金井

# 新田開発の名残と、「飛地」の記憶

## 一度も合併を経験していないまち

小金井市の面積は11・30平方キロ。正方形にしたら約3・36キロ四方でしかない。『全国市町村要覧』(令和01年版)によれば、全国の1741市区町村を面積順に並べると、小金井市は1676番(大阪府高石市と同位)で、それより狭いのはわずか64自治体のみ。ただしこの中には多摩地区の武蔵野、清瀬、福生、羽村、国立の各市が控えているから、いかに多摩地区の市が狭いかがわかる。

**特に北多摩郡の自治体は全国的に見ても例がないほど合併が少ない。**小金井市においても、日本の近代自治制度がスタートした1889（明治22）年の町村制施行以来、小金井村から小金井町、小金井市と「階級」を上ってはきたが、その135年間の歴史の中で一度も合併を経験していない。

## 他市の「飛地」の多くが、小金井市域に

この明治期の町村制の時に小金井村となったのは、旧小金井村と貫井《ぬくい》村に加えて、梶野新田《かじのしんでん》・関野新田・小金井新田・十ヶ《じっか》新田の4つの新田、それから下染屋《しもそめや》村・押立《おしたて》村・人見《ひとみ》村・本多新田・是政《これまさ》村・上石原村の6村の飛地《とびち》だ。**新田と飛地が多くを占めていたのである。**

これら飛地の「本村」は、それぞれ現在の府中市（下染屋、押立、人見、是政）、国分寺市（本多新田）、調布市（上石原）にあり、小金井市域に入ったのは、それぞれ本村から離れて武蔵野台地上に点在していた土地である。**いずれも本村からかなり離れた台地上を新たに開拓したために生じたものだ。**

## 自治体が変わっても、住所に「本村」の名が残ったので……

多摩川沿いに位置する是政（府中市）の飛地が玉川上水の北側にあったり、下染屋（府中市）の飛地が東小金井駅付近、やはり多摩川沿いの押立《おしたて》（府中市）の飛地が西武多摩川線の新小金井駅周辺だったりと、本村からだいぶ離れたところにも存在した。政府は、町村という「基礎自治体」を作るにあたって、**これら遠隔地の飛地をなるべく解消したかったようで、これらの飛地は本村と切り離され、隣村に所属替えとなった。**

それでも従来の本村の地名にもとづく大字を名乗っていたので、「お住まいは？」「是政です」「多摩川沿いですね？」「いえ、玉川上水の方でして……」「え？」という誤解が生じたことも多々あったに違いない。

## 武蔵野の新田開発の痕跡たる地名は消えて

戦後になると多摩地区の人口も急増し、各町村が相次いで市制施行するようになる。

**これら飛地は境界が複雑であったこともあり、次々と新町名に差し替えられた。**新たに町名を設定するにあたっては、複雑に入り組んだいくつかの大字の名前では混乱の元となるので「通称地名」が採用されたり、まったく新しい町名が設定されることも珍しくなかった。

小金井市では、市制施行翌年の1959(昭和34)年に、中央の大きな面積を占めていた大字小金井を、本町・緑町・中町・前原町などに分割しているが、このうち「前原」は通称地名、「緑町」は典型的な新地名である。

もう一つ有力な「本村」であった貫井は、中央線を境に「貫井北町」と「貫井南町」に分けられ、多くの新田や飛地がひしめいていた東小金井駅の南側エリアは「東町」と単純化された。この時なくなった地名の中には、幕府に献上する栗の栽培を担った10の新田にちなむ「十ヶ新田(通称栗林)」なども含まれている。

宅地開発は、武蔵野の新田開発の痕跡たる地名を消し去ってしまったが、そのような経緯はどこかに書き留めて、「新住民」にも頭の片隅に置いてもらいたいものである。

かくいう私も、1年だけ中町の栗林の至近距離に住みながら、当時は何も知らなかったことを白状しておくけれど。

[飛地の実例（旧石田村）]

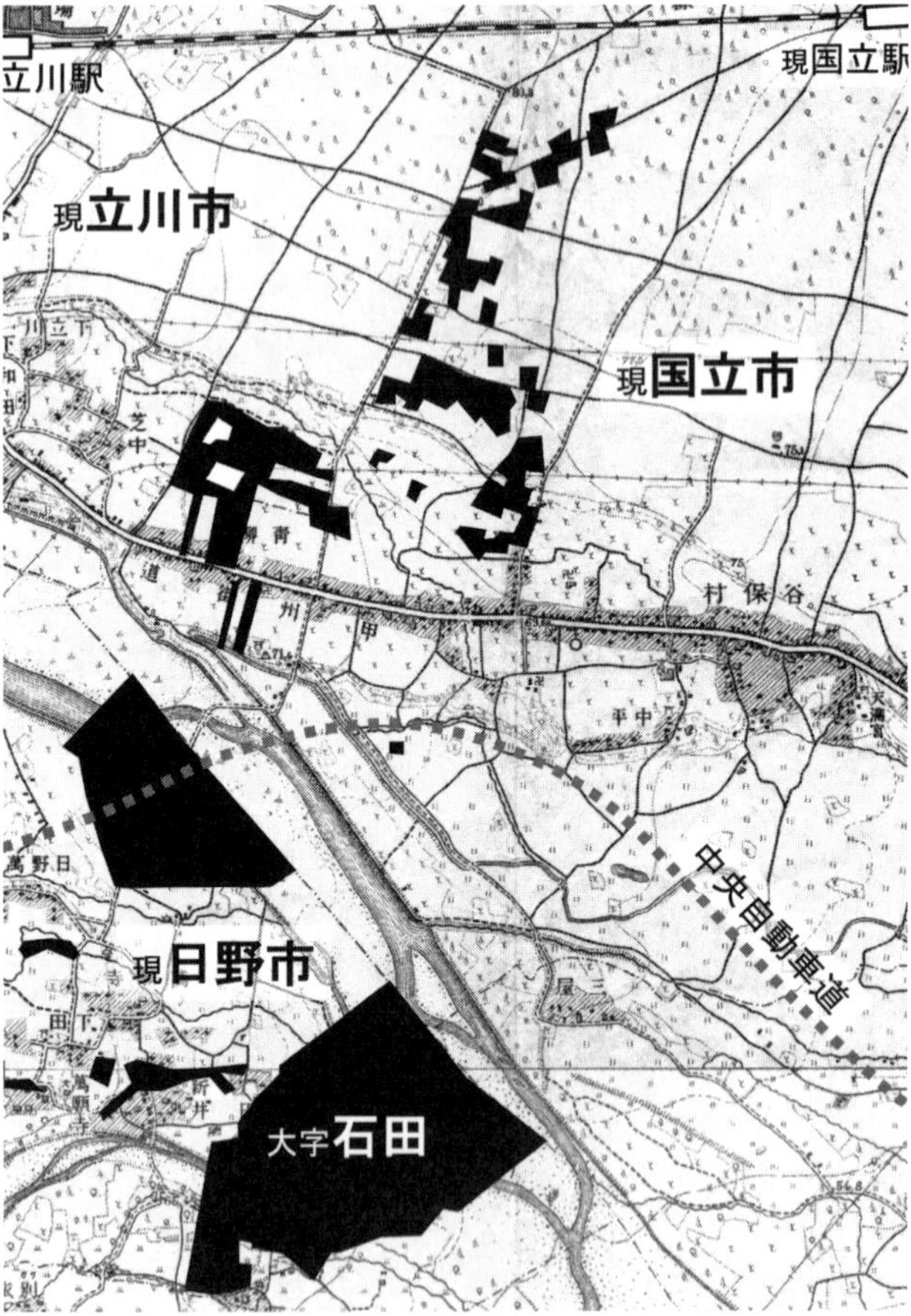


かつて河川敷や台地上など新たに開墾された土地などには飛地が多かった。図は旧石田村の例。多摩川氾濫の結果生じた開発新田として、北多摩郡谷保村（現国立市）の飛地だったが、現在は日野市に（著者作図／1:25,000「府中」1921・大正10年測図＋「豊田」1929・昭和4年鉄道補入使用）

府中

# 変わる駅名

## 「墓地前」では、まずいだろう

かつて「多磨墓地前」と名乗る駅があった。

現在の西武多摩川線多磨駅である。かつての駅名の通り、多磨霊園（旧多磨墓地）の最寄り駅として1929（昭和4）年に設置された。駅のすぐ北側には人見《ひとみ》街道が横切っており、この道に沿って石材店や花屋さんが並ぶ。駅に降り立つと、典型的な大霊園の「門前町」という印象である。ところが米軍の広大な住宅地であった「関東村」の跡地に東京外国語大学が移転して来るなど**再開発が行われるにあたり、墓地前とい**

**う駅名ではナンだろうということで、2001（平成13）年に多磨駅と改称された。**ある病院の進出が決定打になったという話も聞く。「墓地前」という駅が最寄りの病院というのは、入るのに躊躇してしまう。

## 南側に「北多磨」があるのも、まずい

しかし困ったのは隣の北多磨駅で、**「多磨駅の南側にこの駅名ではまずい」ということで、多磨墓地前駅の改称と同時に、地元の町名を用いた白糸台駅に改称されたのである。**

それにしても、旧駅はなぜ「北多磨」などと称していたのだろうか。

この駅は、多摩川の砂利を中央本線まで運ぶために敷設された多摩鉄道（現西武多摩川線）が、1917（大正6）年に開業した駅であった。当時の所在地は北多摩郡多磨村（現府中市）で、シンプルに村名を付けたかったのだろうが、ちょうど前年の1916（大正5）年に京王電気軌道（現京王電鉄）が府中まで延伸された時に多磨駅（現多磨霊園駅）がすでに設置されていたので、少し離れていることもあり、北多磨と名付けた

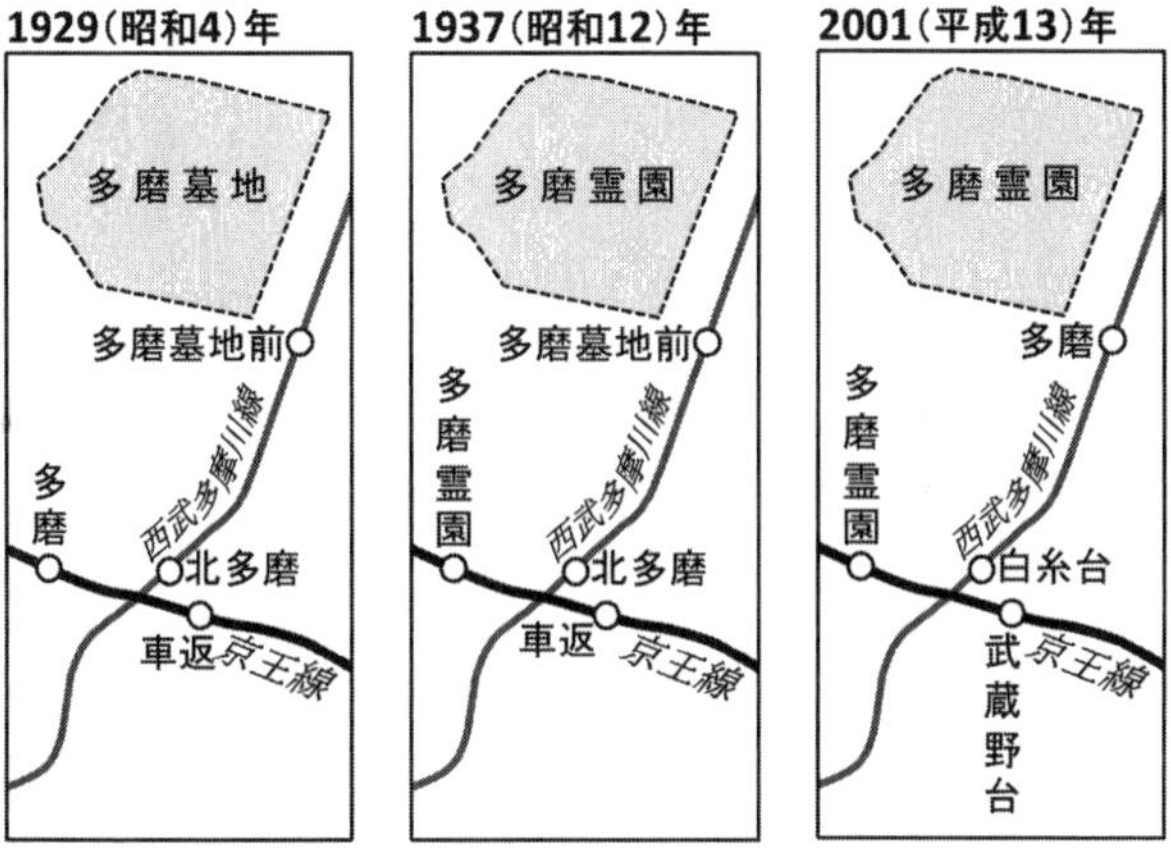


多磨墓地の新設を機に西武鉄道が多磨墓地前駅を開業。墓地は後に多磨霊園と改称されて京王電鉄が多磨駅を多磨霊園駅と改称。近年の多磨墓地前駅改称を機に北多磨駅も影響を受けた（作図・著者）

と思われる。旧多磨駅から見れば東側であるが――。

## 武蔵野台駅は、かつて車返駅といった

その北多磨改め、白糸台駅から京王線に乗り換える際の駅は、武蔵野台だ。**こちらも実は、戦後の１９５９（昭和34）年に車返《くるまがえし》駅から改称されている。**車返とはもとの大字《おおあざ》で、文書では、室町時代までさかのぼることができる由緒ある地名だった。かつて多摩川の河岸段丘の崖地を通っていた甲州街道が崩れて、車がしばしば引き返した故事にちなむというが、１９５９年から

１９６４（昭和39）年にかけて、白糸台、小柳町、押立町などに分割再編されて消滅している。駅名の変更は、それに合わせたものだろう。

ところが武蔵野台という町名はない。ウィキペディアには駅名の由来として「武蔵野台地にちなむ」といった脱力しそうなことが書かれているが、京王のイメージ戦略だったのかもしれない。現在の駅の所在地は白糸台四丁目で、府中市内に武蔵野台という町名は存在しない。

ところが、市域の最北西端に武蔵台という似た町名がある。１９６１（昭和36）年に、大字《おおあざ》府中の字《あざ》武蔵野、字《あざ》川越道、大字本宿《おおあざほんしゅく》の字《あざ》本宿武蔵野、字《あざ》はけの下（ハケは崖の意）などから設定された新しい町名で、西国分寺駅の西側から、南にある東芝の工場にかけてのエリアだ。武蔵台という町名は旧小字《こあざ》名にちなんだものと思われるが、最長6キロ離れた市の東端にある駅名に酷似した町名を付けるとは理解に苦しむ。

**その反面で、人見とか上染屋、下染屋、車返など個性的な大字の地名を、ことごとく消してしまったのはなんとも残念だ。**今からでも遅くないから復活させられないだろうか。

稲城

# 稲と中世城郭で、「稲城」

## 稲毛と稲城でややこしい

深夜の都心で「稲城《いなぎ》まで」とタクシーの運転手に告げて眠り込み、着いてみたら千葉市の稲毛《いなげ》だったという話を聞いたことがある。今なら方向が正反対であるが、昔は川崎市の北西4分の3ほどの面積を占めていたのが稲毛領であったから、その稲毛が現役の地名だったとすれば、運転手さんも「どちらの？」と確認したはずである。ちなみに多摩川から取水して稲毛領と川崎領を潤す用水が、二ヶ領《にかりょう》用水だ。

さて、日野市などではかつて川崎街道のことを「稲毛道《いなげみち》」などと呼んでいた。多摩川に沿って稲毛領へ向かう道であるためだが、明治になると稲毛領が公式地名でなくなり、さらに南多摩郡に、発音が似た稲城村が誕生したこともあってか、「稲城道」と呼ばれることも少なくなかったようだ。

## 明治の合併で「稲城村」が誕生

**その稲城という地名は、1889（明治22）年の町村制の施行に伴って、大丸《おおまる》村・坂浜村・東長沼村・平尾村・百《も》村・矢《や》野《の》口《くち》村の6村が合併して誕生したものである。**このうち東長沼村は、1878（明治11）年まで長沼村だったのを、同じ南多摩郡内に同名の村があるので、東西を付けて区別した（西長沼村は現八王子市長沼町）。

当地の南武線の駅名が稲城長沼と村名を冠しているのも、やはり2年前に開業した玉南《ぎょくなん》電気鉄道（現京王電鉄）の長沼駅と区別するためだろう。稲城という地名が合併に際して新しく創作されたものであることは確かだが、由来について公式見解は残されていない。『稲城市の地名と旧道』（稲城市教育委員会）には、稲城の村名決定の経緯にまつわる言い伝えが紹介されている。

それによれば、新村長となる森清之助から、新村名命名の相談を持ちかけられた当地にある溪疑塾《けいぎ》の窪全亮《くぼぜんりょう》が、「稲穂」と「稲城」の二つの候補を示し、稲城が選定された。**新村域にある小沢城、長沼城、大丸城という中世の砦があったこと、それに稲の産地であることを考慮したという。**

## 神奈川県側も似たり寄ったり

稲といえば、稲城村に接する神奈川県の村は、橘樹《たちばな》郡稲田《いなだ》村であった（1932年から稲田町）。こちらも稲城村と同年に5村合併で誕生したもので、前述の稲毛領にあたるエリアで稲毛米を産する水田にちなんだ命名である。

**1938（昭和13）年に川崎市に編入されたことにより、稲田の地名は消滅したが、稲田堤の駅名はその名残だ。**

駅の所在地は旧菅《すげ》村にあたるのに、桜の名所としての多摩川の堤防を駅名に採用したのは、かつて南武線が私鉄・南武鉄道であったことが影響しているに違いない。私鉄は乗客増のために地元の地名ではなく、しばしば近くの「名所」を駅名に採用するからだ。当地では、日清戦争の勝利を祝って1898（明治31）年に村民が桜の苗木を植え、後に土手に並ぶ見事な桜が評判になった。南武鉄道線が開通するまでは、対岸の多摩川原駅（現京王多摩川駅）から菅の渡しで観桜客が訪れたという。

小平

# 「花の小金井」への最寄り駅

## 明治に生まれた地名

小平という地名は、国分寺や日野、府中などのように、江戸時代以前からある歴史的地名ではなく、1889（明治22）年に町村制施行する際に創作された。

この時に合併したのは、小川村、小川新田、大沼田新田、野中新田《のなかしんでん》善左衛門組《ぜんざえもんぐみ》、野中新田与右衛門組《よえもんぐみ》、鈴木新田、廻《めぐ》り田《た》新田の7村で、**このうち最初の開拓村である小川村の「小」に、武蔵野台地の平らな地形を表わす「平」を組み合わせて、新しい行政村名としたのである。**

## 江戸時代の新田開発が祖

小川村は、江戸初期の1656（明暦2）年に小川九郎兵衛が開発した小川新田で、その後、1724（享保9）年に別の新田開発を行った際に小川村になり、その時に開かれた新田が、「2代目」の小川新田である。その他の新田も、ほぼ同時期に成立した。

このうち野中新田は、江戸の穀物商・野中屋善左衛門の出資により、享保9年に幕府の開発許可を得た新田だ。大村であったため、1732（享保17）年に、それぞれの名主の名をとって野中新田善左衛門組、同与右衛門組、同六左衛門組に3分割されている（3つのうち六左衛門組のみ現国分寺市）。

## 西武鉄道の駅名に、隣村の名前を拝借

川越鉄道改め西武鉄道（旧）が、現在の新宿線にあたる村山線を開通させたのは、1927（昭和2）年。所沢から池袋へ直結した武蔵野鉄道（現池袋線）や、川越から池

袋へ最短距離で結ぶ東上鉄道（現東武東上線）に対抗するための都心直通新線だ。

当時の小平村東部にあたる野中新田与右衛門組に設置されたのが、西武鉄道の**花小金井駅**である。

**南隣の小金井村（現小金井市）は、玉川上水沿いの桜が江戸時代からの名所で、**西武鉄道の新駅から歩いて1・9キロと少々遠いにもかかわらず、何ゆえに西武鉄道は小平に花小金井などという名をつけたのだろうか。**駅名は普通、その所在地の町や大字の名を採るものであるが、「野中新田与右衛門組」では長過ぎたためか、そのいかにも農村らしい響きが忌避されたのか。**どちらも理由としてあり得ることではあるが、それより何より、社運を賭けた都心直通線の駅であるから、一人でも多くの乗客を得るために花見客を誘致したかった、というのが本音ではないだろうか。

## 「田舎っぽい地名は避けたい」という世情

東京市は1932（昭和7）年に、旧15区の周囲に位置していた荏原、豊多摩、北豊島、南足立、南葛飾の5郡にまたがる計82町村を編入、これを新20区に編成して旧区と併せて35区の体制になった（95頁の図参照）。これまで郡部であった地域に新たに町名を付けるにあたっては、東京市の方針に沿って進められたようだ。市が1934（昭和9）年に発行した『東京市域拡張史』には、「新町名の決定」として、次のような一節が載っている。

新町名には原則として旧大字・小字の名称を用いるとしながらも、「農耕地を想起せしめるが如き時代後れの名称、例へば太郎兵衛耕地、弥五郎新田（中略）等大都市に不適切なるもの」を整理した、という。**要するに、「田舎っぽい地名は避けたい」という感覚は、実態はさておき昭和初期には存在したことが窺われる。**

花小金井駅は新東京の市域ではないが、そんな都市志向が漂う近郊の「気分」と、旅客を少しでも増やしたい西武鉄道の思惑が一致して誕生したのではないだろうか。一旦駅名となってしまえば影響力は大きく、1962（昭和37）年に小平町が市制施行した際には、一帯の町名として、新たに花小金井一～六丁目、花小金井南一～三丁目が誕生した。

今では正式町名としてすでに半世紀、すっかり定着したようだ。地下の野中屋与右衛門殿は、どんな感慨をお持ちであろうか。

福生

# 縁起がいいまち

## 古い発音では「ふっつぁ」

日本には、福岡、福島、福山など、「福」のつく地名は数多いが、知らなければ読めないのが福生である。

どこからフッサという読みが生まれたかについては、諸説がある。

まずは、「麻を意味するフサ（総）が繁茂する土地」が由来という説。古代以来の日本の地名表記によくある「好字二字化」で、縁起の良い字が当てられたというものだ。

千葉県の旧国名である上総《かずさ》・下総《しもうさ》の「総」も、やはり「良きフサ（麻）の生いたる土地」とされる。

「丘を意味する阜《ふ》に、砂地を意味する沙《すな》を合わせた阜沙から」という説もある。武蔵野台地の阜と、多摩川沿いの沙だろうか。

福生市観光協会のサイトによれば、**地元の年輩の人たちは福生を「ふっちゃ」「ふっつぁ」などと発音するらしいが、日本語のサは古くは「ツァ」と発音したらしいので、その名残が地名だけに留められているとすれば興味深い。**

## 福生と熊川

現在では市内にいくつもの町名があるが、かつての大字は、福生と熊川の二つだけだった。

双方とも大きな村だったので、明治の町村制施行の際にも、単独で村制施行して福生村と熊川村になり、両村が共同で行政事務を処理する「組合村」となった。**1940（昭和15）年に両者は合併して福生町となり、大字福生と大字熊川が誕生する。**

福生の地形は西に多摩川が南流し、それに沿う河岸段丘の上は、長らく武蔵野台地

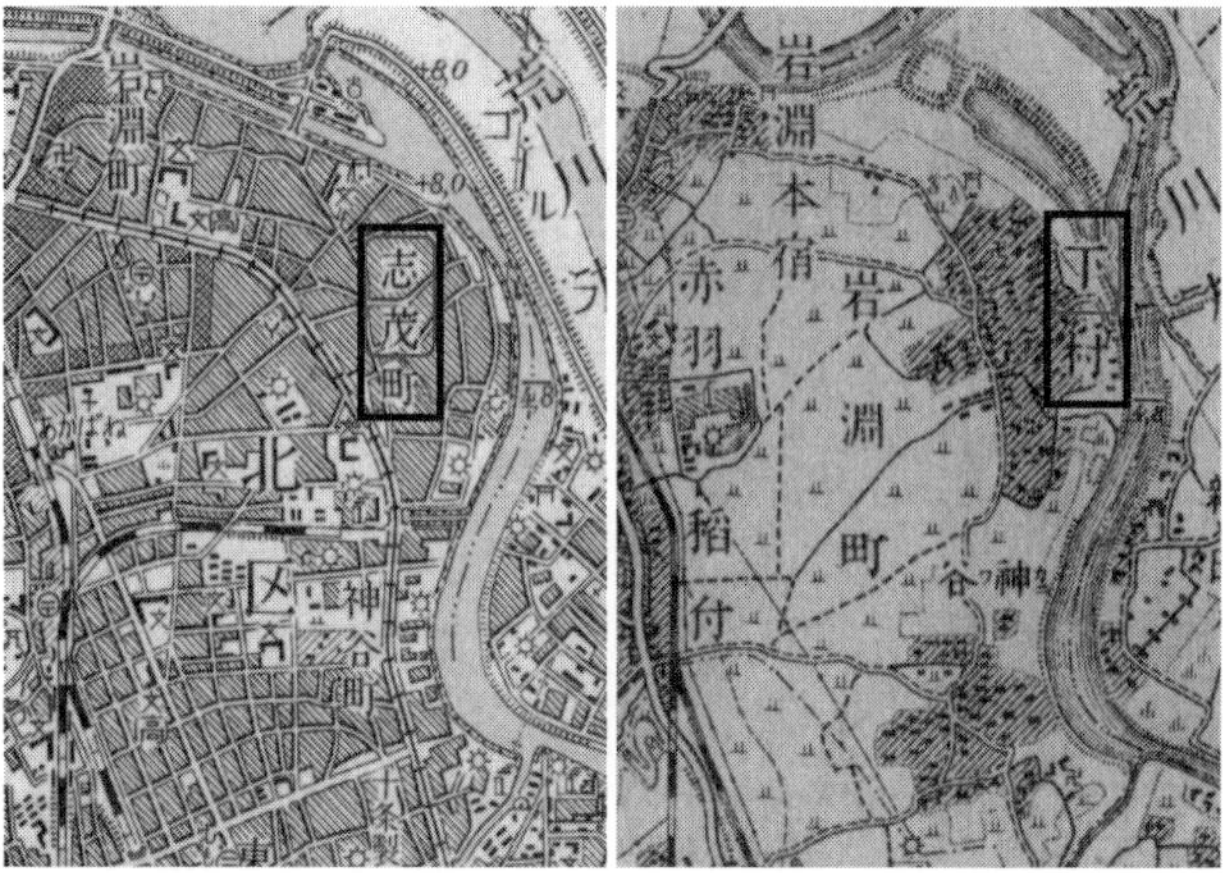


東京都北区志茂（左）は、1932（昭和7）年に改称されるまで岩淵町大字下（右）と称した（右・1:50,000「東京西北部」1919・大正8年鉄道補入、左・同1961・昭和36年資料修正）

の畑と平地林が広がっていた。集落は川沿いから段丘付近に集中していたのだが、戦後になって台地上の西側は青梅線に沿って都市化が急速に進んだのに対し、東側は広大な米軍横田基地で占められている。

## 上・中・下に当てられた、好字地名

**福生市内の地名に特徴的なのが、上・中・下に、好字を用いた加美《かみ》・奈賀《なか》・志茂《しも》である。**いずれもかつては大字福生の小字であった。このうち昭和50年代に、加美の一部が隣の羽村町（現羽村市）の一部を併せて、加美平という町名に変更された（羽村町内では1969年より）。「平」を付けた理由は、1967（昭和42）年にできた都住宅供給公社「福生加美平団地」に合わせたものだろう。

**上を加美、下を志茂などと表記を改める、いわゆる「好字化」は全国各地で行われていて、たとえば東京都北区の志茂（以前は志茂町）。現在は東京メトロ南北線志茂駅の所在地で、1932（昭和7）年に東京市内となって「志茂」に改称される以前は、岩淵町大字下《しも》と称した。**こちらは昭和の改称だが、茨城県常陸太田市の賀美は、平安期から賀美郷と呼ばれており、**古代の好字二字化の結果である。**

福生市の志茂は、JR青梅線の牛浜〜福生駅間の両側にあり、1970（昭和45）年に、大字福生字志茂の一部をとって、町名とした。大字福生は広大な領域を持つため、区画整理が進んだところから適宜町名が割り当てられているようだ。現在まだ残っている大字福生はだいぶ不定形であり、今も小字が現役で用いられている。上中下のうち、**奈賀はまだ町名化されておらず、市役所のある本町の北西側が大字福生字奈賀と書く。全国を見渡すと那珂、那賀などが主流であり、この当て字は非常に珍しい。**

国分寺

# 崩壊する恋？

## 国分寺、国府、府中の地名はご近所さん

国分寺という地名は、全国各地に点在している。

これは日本史の教科書にも載っているように、聖武天皇が741（天平13）年に、国ごとに国分寺と国分尼寺《こくぶんにじ》を置くよう命じ、各国で一所懸命に建てられたのだから国の数だけあって然るべきだろう。ちなみに10世紀に編纂された辞書『和名類聚抄《わみょうるいじゅしょう》』に記載された時点では68国に及んでいる。

国分寺はおおむね、政庁である国府の近くに置かれたので、国分寺、国府、府中と

いう地名は、今もそれぞれセットで近所にあることが多い。このうち武蔵国分寺が置かれたのが現国分寺市で、なるほど、現府中市とは隣り合う位置だ。

## 武蔵国分寺・国分尼寺があった

武蔵国分寺跡は、現在の国分寺市西元町一丁目、国分尼寺跡は、少し西へ離れた同四丁目にある。なお東側は東元町と称する。これらの町名は、1965（昭和40）年に新設されたもので、もとは旧国分寺村の領域である国分寺市国分寺の大半にあたる。東元町と西元町の地名も、国分寺の地名の元となった「武蔵国分寺」にちなみ、元から集落が発達していたエリアでもある。多摩川の最も上段の河岸段丘である「国分寺崖線」の南側にあり、湧水に恵まれていた。

## 畠山重忠の悲しい恋物語

それと対照的なのが崖線上の台地で、江戸時代になって新田開発が本格的に行われるまでは茫々たる野原が広がっていたという。国分寺駅の北側にある本町は、これも1965（昭和40）年からの「新地名」で、山林であった場所に駅ができた後に発展した新市街にちなむ。

その崖線が一部北側の台地に割り込む形で谷を成しているところが「恋ヶ窪《こいがくぼ》」である（昭和41年以降は東恋ヶ窪・西恋ヶ窪）。このあたりは近世以降の街道からは外れているが、古代にあっては上野国《こうずけのくに》に通じる道幅の広い官道「東山道武蔵路《とうさんどうむさしみち》」がまっすぐ南北に貫いており、鎌倉時代にも鎌倉道《かまくらみち》が通っていた。

天下の主要街道であったがゆえに、ここに登場するのが武将・畠山重忠《はたけやましげただ》。その寵愛した遊女の夙妻大夫《あさづまだゆう》が、重忠戦死の報を聞いて姿見の池に身を投げたという悲恋物語が知られている。恋ヶ窪はその「恋」に由来するというのだ。村人が彼女を憐れんで菩提を弔うために植えた「一葉の松」は、明治期の地形図に載るほど著名な伝説であった。

## コイが付く地名には要注意

ただし無粋なことを言わせていただくと、日本全国に分布するコイの付く地名は要注意だ。**恋ヶ窪の場合も「鯉ヶ窪」と記された文書があることからわかるように、当て字の可能性が非常に高い。恋や鯉の他にも全国には小井、己斐**（広島市）**などいろいろな字が当てられているが、地名学的にはいずれも「崩壊する崖地に命名されたもの」が多いという。**クエる（崩れる）などと同源かもしれない。

なるほど恋ヶ窪の地形も、武蔵野台地を野川の源流部が深く侵食して谷を刻んでおり、しかもその谷と台地の境をなす崖はかなりの急斜面である。**たとえば西国分寺駅の東側など、標高差約10メートルに及ぶ台地と谷を結ぶ道は切り通しか階段となっており、典型的な「崩壊地名」を思わせる。**

全国の他の「恋」の付く地名を検索して地形図で確認してみても、秋田県五城目《ごじょうめ》町の「恋地」は馬場目《ばばめ》川が岸を侵食して崩したような地形だし、和歌山県橋本市の「恋《こい》野《の》」も紀ノ川の河岸段丘に位置している。愛媛県大洲市北方の山の中にある「恋木《こいのき》」は妙見山南東側の地滑り地帯だ。

伝説を創作するなら「地滑り的な恋」であろうか。

調布

# 多摩川の「枕詞」

## 多摩川に面して三つ出現した「調布」

かつて東京府には「調布」を名乗る自治体が三つもあった。荏原郡調布村、北多摩郡調布町、そして西多摩郡調布村である。このうち北多摩郡と西多摩郡は1893（明治26）年まで神奈川県だった。**現在では北多摩郡調布町が市制施行した調布市だけが生き残り、その他は荏原郡調布村が現在の大田区（田園調布ほか）に、西多摩郡調布村の方は青梅市のエリアとなって消滅した。**これら3町村の共通点はいずれも1889（明治22）年の町村制施行で誕生した地名であり、しかも**多摩川に面していることである。**

## 万葉集に由来する

多摩川といえば古くから広く知られていたのが、万葉集の「多摩川にさらす手作りさらさらに　何ぞこの児のここだかなしき」という歌である。「多摩川に晒して作る布のように、どうしてこの子はこんなに可愛いのでしょう！」といった意味だが、**この川の流域では、古代から地元で穫れる麻を布に織り、さらに柔らかくするために砧でついてから多摩川の水に晒していた。この布を府中の武蔵国府へ調《みつぎ》として納めたことから「調布」の言葉が生まれ、**以後は多摩川に冠して「調布多摩川」「調布玉川」などと呼ばれていた。

## 各「調布」の地名はやがて……

明治の町村制では、江戸時代の村に代わって、近代的な基礎自治体として機能できるよう数カ村が合併して新しい「行政村」が誕生したが、同程度の規模の村どうしが合併する場合は新村名を決めるのが難しかった。このため郡名や河川名をとって多摩村（現多摩市）としたり、合併する村の数で七生村（現日野市）、名産品にちなんでたとえば柿生村（現川崎市）、旧村名から1字ずつ採って合成して津田沼村（谷津＋久々田＋鷺沼、現千葉県習志野市）とするなど、さまざまな命名方法が行われた。

周囲で大々的に合併後の新村名が決められていく中、**多摩川沿いの三つの調布は、多摩川にちなむ「枕詞」である調布を採用したのである。**

このうち**荏原郡調布村**は都心からほど近く、理想的な住宅の供給を目指す田園都市会社が一帯で広大な分譲住宅地を開発した。村内は大字上沼部と下沼部のエリアであったが、1923（大正12）年に目黒蒲田電鉄（現東急目黒線・多摩川線）が調布駅を開設した。ところがすでに存在した京王電気軌道（現京王電鉄）の調布駅と混同しやすかったためか、**田園調布駅と改めた。**「田園都市」のある調布村、ということだろう。当初は多摩川台住宅地と呼ばれていたが、この田園調布が住宅地の通称として用いられるようになった。

人口は急増して1928（昭和3）年に調布村は町制施行したが、調布町としてしまうと中心どうしが12キロほどしか離れていない北多摩郡調布町（現調布市）とやはり混同してしまうため、**東調布町と改められた。**この町名は「東調布警察署」に長らく引き継がれてきたが、1987（昭和62）年に田園調布警察署に改称されている。そして1932（昭和7）年に東京市に組み込まれ、**大森区（現大田区）田園調布**というように、正式な地名となった。

**西多摩郡調布村の方は、1951（昭和26）年に合併、青梅市の一部（現千ヶ瀬《ちがせ》町、河辺《かべ》町、長淵、友田町など）となって消滅した。**現在では千ヶ瀬町と長淵を結ぶ調布橋にその名を留める程度である。

ちなみに**北多摩郡調布町**は、甲州街道に沿う国領《こくりょう》・下布田《しもふだ》・上布田・下石原《しもいしはら》・上石原のいわゆる「布田五宿《ごしゅく》」に加え、上ヶ給《あげきゅう》・布田小島分《こじまぶん》・飛田給《とびたきゅう》の計8村が合併して誕生した。中心が宿場町であったため、北多摩郡では数少ない最初からの「町」であった。ちなみに「五宿」とされたのは、いずれの村も規模が小さいため一つの村で宿場の役を果たすことができず、6日ずつ交代したことによる。東海道などと比べると交通量の小さかった甲州道中では、他にもそのようなシステムを採る宿場が多かった。

やがて1955（昭和30）年に神代《じんだい》町と合併、市制施行して**調布市**となったのは先述の通りである。

# 第5章

# 一目瞭然！地名を見ればわかること

縁起地名

# 言霊への信仰が篤い国

## 消えた「日影」

山陰という広域地名を「北陽」に変更しよう。

半世紀ほど前に、ある新聞社が提唱した動きを、私も覚えている。暗いイメージを払拭しようとの動機だったようだが、程なく沙汰やみになった。谷崎潤一郎の『陰翳《いんえい》礼讃《らいさん》』に代表されるように、陰の部分にこそ魅力を感じる人が少なくなかったためかもしれない。

それでも特に戦後になって、地名に明るいイメージを体現させたがる傾向は顕著に

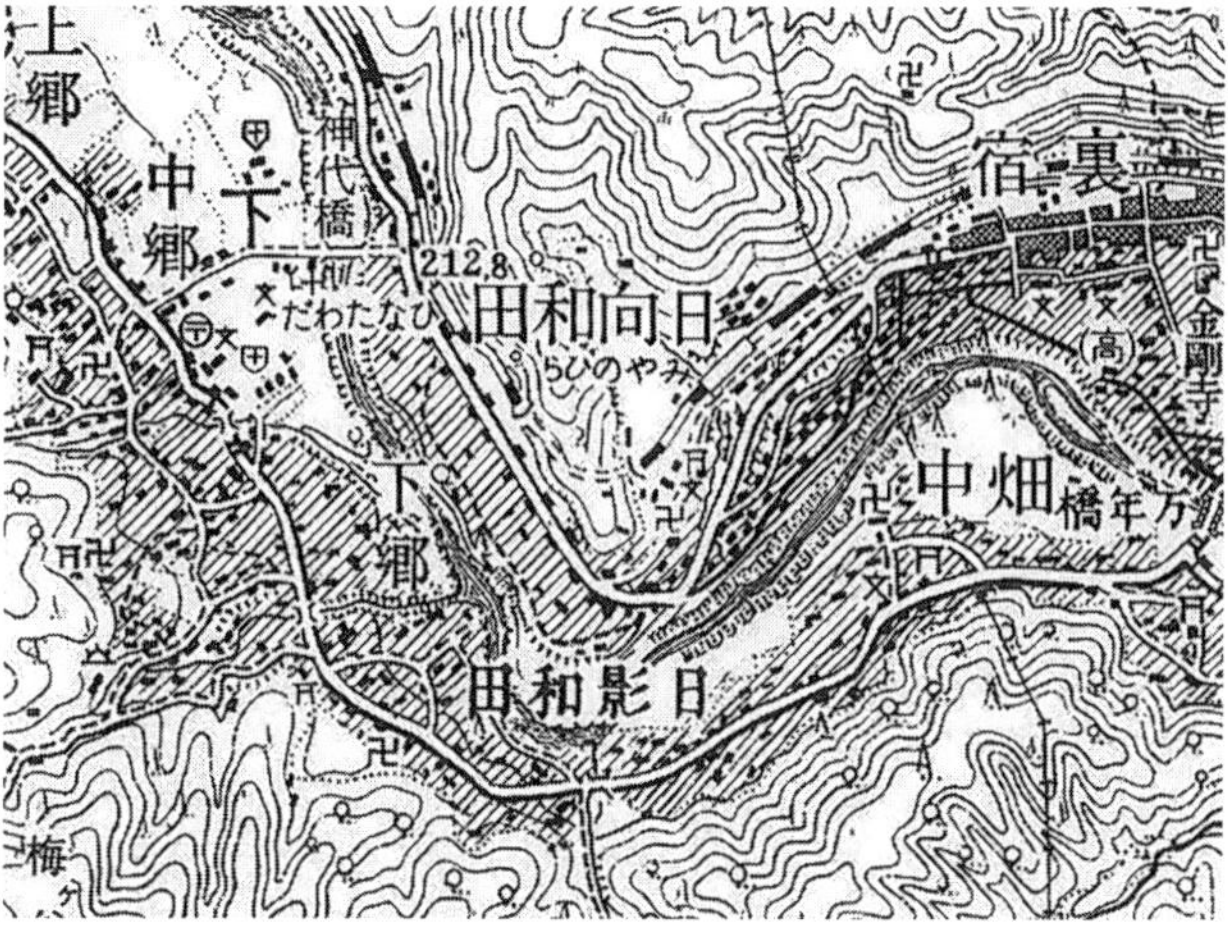


東京都青梅市のペア地名、日向和田と日影和田。のちに日影和田は和田町に改称された。左端の「下」も「梅郷」に変化した（1:50,000「青梅」1959・昭和34年要部修正）

なった。光ヶ丘、南陽台といった新興住宅地の地名がその代表であろう。**東京都青梅《おうめ》市には、多摩川をはさんで日向和田《ひなたわだ》と日影和田《ひかげわだ》というペアの地名が存在したが、日影和田は、1967（昭和42）年に和田町と改称されている。日向和田の方は今も残っているので、明らかに「日影」を忌避したとしか考えられない。**

## 奈良時代に発令された「好字二字令」

日当たりはともかく、イメージという点では、日本の地名は古くからこれを重視してきた。奈良時代の初期、元明天皇が各国に『風土記』の編纂を命じた際に、**国や郡、郷（里）などの地名を必ず2字で、しかも良い字で表記するよう命じている（好字二字令《こうじにじれい》）**。それ以降、国名や郡名、郷の名はその音節の如何にかかわらず、場合によってはかなり無理に二つの好字にまとめられた。**たとえば3文字の「无邪志《むさし》」は武蔵、1字の「泉」は和泉と表記が変更されている。**

ずっと後世であるが、**越前の松平忠昌《まつだいらただまさ》は、居城の旧名「北ノ庄《きたのしょう》」を、敗北に通じるとして、「福居（後に福井）」に改めた**話は、よく知られている。福島県の喜多方《きたかた》市も同様だ。今や「喜多方ラーメン」で全国区の知名度を誇っているが、その蔵の町の地名の由来は意外に知られていない。この地名は小田付《おだづき》・小荒井《こあらい》などの村が合併した１８７５（明治８）年に登場したもので、**会津藩領の北に位置する北方という地方名の字を喜び多いという「好字」に変えた。**

北から喜多への変更は珍しくなく、愛媛県大洲市の喜多山。ＪＲ内子線には喜多山駅もあるが、こちらは１８３８（天保９）年に北山から変えた記録があるし、群馬県伊勢崎市の喜多町も市街の北にあることから１９４０（昭和15）年にこの字で町を新設した。京都府福知山市や舞鶴市の喜多、大阪府河内長野市の喜多町、兵庫県では小野市、丹波市、西脇市の喜多がいずれも「北」から転じたものだ。

**天下の台所「大坂」も、「土に反《かえ》る（＝死ぬ）」など縁起でもないと、「大阪」に改めた人が江戸時代にいて、これが徐々に広がった。**明治期には正式名称の「大阪市」が定められたこともあって多数派となったが、明治に入っていきなり変わったわけではなく、大正期に入っても「大坂」の表記はあちこちで見られる。現代のようにテレビやインターネットもないことだし、いずれも一斉に変更するようなことはなかったようだ。

**北海道の札幌の玄関口である「千歳」の地名は、当地のアイヌ語地名「シ・コツ（大きな・窪地）」が「死骨」を連想させるとして、鶴が多いことから「鶴は千年」の連想で、千歳を地名とした。**なおシコツの方は支笏《しこつ》湖の表記で残っている。

## 水害、ガス爆発……変名して災いをはらうべし

災害を機に改めた例も各地にある。第2代土佐藩主の山内忠義《やまうちただよし》は、**河中山城《こうちやま》が度重なる水害を被ったため、「高智山城《こうちやま》（後に高知城）」と表記を改めた。**現在の北海道夕張市には、「ワッカ・ナム・ペッ（水が・冷たい・川）」というアイヌ語に漢字を当てた「若《わか》

鍋《なべ》」という地名があり、ここの炭鉱で1914（大正3）年にガス爆発が起きた。その事故を受けて「鍋は火を呼ぶ」として、「若菜辺《わかなべ》」の字に改められ、後に「若菜《わかな》」に再改称されている。

**もともと葦を「悪し」に通じるとしてヨシに、スルメを「あたりめ」とし、梨を「アリの実」とするような、日本人の言葉に対する感覚が地名に色濃く影響していることは間違いなさそうだ。**なるほど令和の今になっても、子どもに命名する際に漢字とその画数にこだわる人は多い。言霊《ことだま》への信仰が篤《あつ》い国ということだろうか。

温泉地名

# 火山国ならではの温かくて臭い地名

## 内陸部にある「熱海」

伊豆半島には、至る所に温泉が湧いている。

そもそも伊豆という地名からして、「いで湯」が訛ったとする説があるほどだ。伊豆の代表的な温泉地である熱海の地名の由来は、「海中から熱い湯が湧き出して海が熱くなったから」とされているが、いかにも温まりそうな地名である。

熱海といえば、福島県にも磐梯《ばんだい》熱海温泉がある。郡山《こおりやま》から西へ、磐越西線の快速電車で13分ほどの山の温泉だ。**内陸部なのに、静岡県の熱海と同じく「海」の字を使っ**

**ているのは、かつて源頼朝の奥州攻めの時に活躍した伊東氏がここの領主になった際、当地の温泉に故郷・熱海の名を付けたからだという。**なお磐梯が付いているのは、静岡県の熱海との区別というより、有名な磐梯山にあやかろうとしたのだろう。駅も1965（昭和40）年までは岩代《いわしろ》熱海と称した。

## 「温」はあついか、ぬるいか

温泉地にはいかにも温かそうな地名が多く、たとえば山形県の日本海側にある温海《あつみ》温泉。少々難読なので、羽越《うえつ》本線の駅名は「あつみ温泉」と平仮名表記である。温の字を書いて「あつい」という読み方だが、同じ字ながら青森県黒石市は、温湯《ぬるゆ》温泉。しかし源泉は60度というからそのままでは熱くて入れない。この字が用いられたのは「よく温まるから」という。

本当にぬるいのは、熊本県小国《おぐに》町の奴留湯《ぬるゆ》温泉の方で、こちらの源泉は38度。小国町内には、各地に良質の温泉が湧いているが、軒並み90度台の源泉が並ぶ他の温泉に比べればぬるい、ということなのだろう。

# 富良野と草津は「臭い仲」

群馬県の草津《くさつ》温泉は、字面からは温かい雰囲気は伝わってこないが、こちらは臭水《くそうず》、つまり強い硫黄臭から来る地名である。草津にはかつて硫黄採掘所もあった。また、アイヌ語で「臭い川」を由来とするのは富良野川。火山の十勝岳から流れてくる硫黄臭の川をフラヌイと名付けたもので、後に市の名前にもなった。**だから富良野と草津は、まったく違うように見えて、地名の由来から見れば「臭いものどうし」で共通しているのである。**

ついでながら**臭い水は硫黄とは限らず、原油の臭いに由来するのが、新潟市秋葉《あきは》区（旧新津市）の草水町《くそうずちよう》。**明治大正期に採掘が盛んだった新津《にいつ》油田の一角である。

新潟県には各地に油田があったが、現在の長岡市にある草生津《くそうづ》は信濃川に面しており、江戸時代に石油の積出港であったことからその名が付いた。* 灯明といえば菜種油が一般的だが、越後では江戸期にも一部で石油が使われていたのである。

＊新津の草水《くそうず》と長岡の草生津《くそうづ》はｚｕの仮名が異なる。

峠地名

# 山がちな国ゆえに

## 生活圏や言葉、文化の境目

日本は山地が3分の2を占めている「山国」であるから、他の地方へ行こうとすればどうしても峠を越えることが多い。**ところでこの峠という文字は、日本で独自に作られた「国字」である。**

見ての通り「山を上下する」と書くが、イメージしやすい字を作ったものだ。それなら中国語で何と言うのか、中国に留学もしたことのある専門家に尋ねてみた。辞書を引いていたと思いきや少し困った表情を浮かべ、「そういえば、ぴったりした言葉が見つかりませんね」とのこと。ウィキペディアの中国語版で調べると「山道」とあり、その山道の頂上の部分を日本の漢字では「峠」と表記することが説明されている。英語はパス（pass）、ドイツ語でもパス（Pass）、フランス語ならコル（col）などなど。

それはともかく峠は二つの流域を分ける分水界であり、たとえば群馬・新潟県境に位置する三国峠《みくにとうげ》の北側に降った雨は、清津川《きよつ》から信濃川へ入って日本海へ注ぎ、南側は利根川からはるばる銚子の先の太平洋へ流れていく。峠を歩いて越えるのは大変なので、**険しい峠ほど峠の向こうとこちらで生活圏が分かれ、流域ごとに言葉や文化も異なってくる。そして同時に峠が国境や郡境を成していることは多く、そこでは交通を監視するために関所が置かれた所も少なくない。**

東海道の箱根関や甲州街道の小仏関《こぼとけのせき》、中山道の碓氷関《うすいのせき》、同じく不破関《ふわのせき》などがそうで、交通の要衝であるからしばしば合戦も行われる。古戦場で知られる関ヶ原も、不破関にちなむ地名だ。

## 沓掛、坂下など頻出する地名

峠の地図を眺めていると、しばしば似た地名に出会う。たとえば**沓掛**《くつかけ》。碓氷峠《うすいとうげ》の西側に位置する軽井沢宿の次が沓掛宿である。現在の中軽井沢駅も、1956（昭和31）年まで沓掛駅だった。東海道の鈴鹿峠の手前や、京都市西京《にしきょう》区の山陰道、老ノ坂《おいのさか》峠の東側にも、やはり沓掛の地名がある。一方で富山県の黒部川西岸にも沓掛の地名（黒部市）があり、こちらは川の渡し場だ。**峠や渡船場の近くに沓掛の地名が発生したのは、歩いて旅する時代にあって、これから挑む難所を前にして沓《わらじ》を宿で履き替え、その沓を木に掛けて道中安全を祈願したことにちなむようだ。**

地形的な地名としては、**坂下や坂元（坂本）**がある。碓氷峠の群馬県側には坂本宿があり、東海道の鈴鹿峠の下には坂下宿（坂之下などの表記も）が控えており、比叡山延暦寺の東の登り口は大津市坂本だ。その他にも無名の小さな峠に至るまで、それに類する地名は多い。ついでながら比叡山麓の坂本の南に位置するのは下阪本で、サカの表記が異なるのは、大坂——大阪と同様に縁起を担いだのかもしれない。

## 「タワ越え」が由来？

**峠そのものも地方によっては呼び名が異なる。たとえば中国地方に目立つタワ。**岡山県から伯備《はくび》線で鳥取県に入る際に越える谷田峠《たんだだわ》のように、峠と書いてタワと読ませるものが多いが、**岡山県の備前と美作《みまさか》、それに兵庫県宍粟《しそう》市のごく一部に限定される「乢」の国字は珍しい**（20頁参照）。

**そもそも峠の語源は「タワ越え」（峠は稜線がたわんだ部分）に由来するとの説もある。**

乢の字のツクリはまさにたわんだ様子そのものだ。手元の『旺文社古語辞典』でも「たわ【撓】」の見出し語があり、「尾根のくぼんだ所、鞍部」と説明されている。峠の名前だけでなく、地名のタワ全般を探せば山梨県鳴沢村の大田和、他にも愛知県豊田市平沢町赤田和など、特に「田和」の字を当てたものは中国地方以外の分布が広く、やはりタワがトウゲの旧称とも感じられる。

焼畑地名

# 読みも字もさまざま

## 日本各地で行われていた焼畑農業

焼畑といえば、最近では世界各地で行われている大規模で無計画なものが思い起こされる。「地球温暖化の元凶」に挙げられる悪役のイメージだが、古くからの伝統的な焼畑は、持続可能な農業であった。日本でも、かつては焼畑が全国各地で行われており、それにちなむ地名も数多く残っている。

**たとえば、東京都調布市にある佐須町などのサス（サズ）と読む地名は、焼畑由来が多い（人名説もあり）**。文京区にも、1966（昭和41）年まで指ケ谷《さすがや》町（現白山）が存

富山県南砺（なんと）市に見られる、高草嶺（たかそうれい）、
夏焼（なつやけ）という焼畑地名（地理院地図2024年8月8日DL）

在した。山の中では、三重県の伊勢市から宮川をさかのぼった度会町《わたらいちょう》の注連《しめ》指《さす》。珍しい地名だが、神の領域と現世を区切る注連縄と同様に、伊勢神宮領の立入を禁じた焼畑に由来するらしい。

## 山岳地域に多い

**ソリ、ソレも焼畑に関連する。**山梨県や長野県など山がちの地域には類例が多いようで、江戸時代の地誌『甲斐《かい》国志《こくし》』にも、「ソウリやソリは焼畑のこと」と明記しているし、柳田國男は『地名の研究』で、これらの地名が草里や草履、反田などいろいろな字で表記されることに言及している。群馬県の渡良瀬川をさかのぼる、わたらせ渓谷鐵道（旧国鉄足尾線）にある沢入《そうり》という駅も、おそらくその仲間だろうし、JR飯田線の難読駅として知られる大嵐《おおぞれ》駅もそれに違いない。焼畑を放棄して自然に還す（後年に再利用）ことをアラス、またはソラスとも称するらしく、アラシという字を「ソレ」の音に当てているのは、このことを物語っているようだ。大嵐駅の少し南側には夏焼《なつやき》という地名もある。

## 「雪車町」の洒落っ気

**反町《そりまち》という地名も栃木県真岡市、群馬県太田市などにあるが、これも焼畑関連と思われる。この場合マチは市街地ではなく耕地である（町の字は畑の畝や畔などの意）。**同じ読みで、秋田県由利本荘市の雪車町《そりまち》。江戸時代には「雪車町村」と称したので市街でないことは確実で、しかも雪上運搬具の字を当てるところなど、洒落っ気のあるご先祖様だ。

地理院地図で「雪車」を検索すると、隣の山形県酒田市、それに福島県伊達市にヒットするし、秋田県能代市のJR東能代駅のすぐ近くには機織轌ノ目《はたおりそりのめ》、また秋田市北端近くに位置する金足《かなあし》黒川には「轌町《そりまち》」という、車と雪を合わせた字も用いられている。

**九州ではコバが焼畑で、漢字表記は木場、古場などが一般的だ。**佐賀県有田町には窯業の中心地に稗古場《ひえこば》、長崎県松浦市には木場免《こばめん》など木場が圧倒的に多く、古場は少なめである。興味深いことに、コバの地名は佐賀、長崎、それに熊本県と鹿児島県の西側と九州の西側に集中しており、東側の福岡、大分、宮崎（鹿児島県に隣接する地域を除く）にはあまり見られない。

鉄道の駅ではJR鹿児島本線の木場茶屋《こばんちゃや》駅（鹿児島県薩摩川内市）と松浦鉄道西木場《にしこば》駅（長崎県松浦市）、それにJR肥薩線の大畑《おこば》駅（熊本県人吉市）がある。最後の大畑はコバに万葉仮名ではなく表意文字を当てた結果だ。難読ではあるが、ルーツは探りやすいかもしれない。

新田地名

# 耕地拡大にともない増加

## 日本一長い地名

おそらく「日本一長い地名」が、1977（昭和52）年まで、静岡市に存在した。「上土新田下足洗新田川合新田請新田」という。平仮名で書けば「あげつちしんでん・しもあしあらいしんでん・かわいしんでん・うけしんでん」と、堂々32文字。場所は静岡旧市街の北、巴川《ともえがわ》流域の低湿地で、もとは上土新田《あげつちしんでん》（湿地の土を揚げたことにちなむ）、下足洗新田《しもあしあらいしんでん》、川合新田《かわいしんでん》の3村が開発を請負った新田なので、全部の名前を羅列した後に、「請新田」の名が入った。あまりに長いので、「三請新田」とも略称したという。

近世における新田は、主に江戸時代以降に幕府や各藩の奨励のもとで開かれた新しい耕地で、灌漑や干拓、河川改修などの土木技術の発達を背景に、大いに開発が進んだ。**その地名は開発者の名を冠した八右衛門新田とか清兵衛新田などが一般的**で、各藩主導のものから有力農民の開墾によるもの、町人が出資したものなどさまざまであった。のちにそれら新田のメンバーが新田を開発すると、新新田とか新村新田などと呼ばれ、さらに耕地は拡大していく。

## 市街地化とともに「時代遅れ」に

**しかし大都市近郊で急速に市街化が進むようになると、新田地名は嫌われてしまう。ただ単に「新田」を外すか、漢字の一部を流用して新町名が作られた。**

東京市が1932(昭和7)年に周辺82町村を編入して35区体制になった際、現在の足立区や練馬区などに多数見られた新田地名が、市の方針で農耕地らしい地名を排除したことは前述したが(142頁参照)、これは都市化が進んだ大都市郊外にも適用された。

**たとえば埼玉県草加町が市制施行した1958（昭和33）年には、エリア内に目立った「新田地名」を次のようにことごとく廃止している。**これらの新田は、1955（昭和30）年まで北足立郡新田村の大字で、その後も草加町の大字に引き継がれていたが、市制施行する段になって「農村を想起させる地名」だとして排除したのだろう。

九左衛門《くざえもん》新田　→　旭町《あさひちょう》
金右衛門《きんうえもん》新田　→　金明《きんめい》町
長右衛門《ちょうえもん》新田　→　長栄《ちょうえい》町（後に長栄）
善兵衛《ぜんべえ》新田　→　新善《しんぜん》町
清右衛門《せいうえもん》新田　→　清門《せいもん》町
新兵衛《しんべえ》新田　→　新栄《しんえい》町（後に新栄）

いずれも元の新田地名から1～2文字を採ってはいるが、新設の町名となった。
大都市近郊では耕地の減少に伴って姿を消しつつある新田地名も、少し郊外へ行けばまだまだ自治体によっては健在で、平成の大合併で誕生して間もない茨城県つくばみらい市（伊奈町・谷和原《やわら》村の合併）には、善助《ぜんすけ》新田、重右衛門《じゅうえもん》新田など地に足がついた地名が、ピカピカな新市名の後にどっしりと繋がり、見事にバランスを取っていると言えなくもない。

祖先たちが苦労して開墾した歴史を銘記するためにも、いつまでも残してもらいたい地名であるが、最近も千葉県流山市でつくばエクスプレスの「流山おおたかの森」という駅の周辺が区画整理され、一帯はすべて「おおたかの森東」をはじめ西、北、南に覆われ、古くからの十太夫《じゅうだゆう》という地名は失われた。元は江戸期以来の十太夫新田である。ニュータウンだからこそ残せば良いセンスの町名だったと思うのだが、残念なことをしたものだ。

職業地名

# 城下町に広がる職人の集住地

## 江戸城下町にみる、多彩な職業地名

「神田鍛冶町《かじちょう》、角の乾物屋でカチグリ買ったら硬くて噛めない……」という早口言葉がある。

このようにアナウンサーなどが滑舌の練習に最初に唱える町名、東京都千代田区神田鍛冶町は、ＪＲ神田駅の東口に位置しており、１６０３（慶長８）年に幕府の鍛冶方棟梁・高井伊織の拝領地にちなんで名付けられたものだ。すぐ東隣には神田紺屋町《こんやちょう》があって、こちらは藍染め職人が集まっていた。その北隣の神田北乗物町《きたのりものちょう》は、当時の乗物——すなわち駕籠などを作る職人の集住地である。

ちょっとわかりにくいのは新宿区の箪笥町《たんすちょう》で、こちらは箪笥といっても現在のような衣類収納用ではなくて、武器を意味する箪笥。これを司る具足奉行の拝領屋敷だった。かつての江戸には下谷《したや》箪笥町（現台東区根岸三丁目）、牛込箪笥町（現新宿区箪笥町）、四谷箪笥町（現新宿区三栄町）、麻布箪笥町（現港区六本木一丁目・三丁目）と四つの箪笥町が存在したが、今は新宿区のみである。カッコ内に現在の町名を挙げたが、いずれもその一部だ。

## 弘前城下にも多くが現存

江戸に限らず、近世の城下町では特定の職人を一カ所に集住させることが多く、全国各地の城下町には、職名にちなむ町名が今も残っている。

戦後になって住居表示の実施に伴い、都心部の町名をまとめて「中央」などに統合してしまった市は多いが、**津軽藩の城下町であった青森県弘前市はそれらの町名が今もよく残る町だ**。たとえば、桶屋町《おけやまち》は、1678（延宝6）年には実際に桶屋が24軒も集まっていたことが記録されているし、他にも銅屋町《どうやまち》や紙漉町《かみすきまち》、鍛冶町《かじまち》、元大工町《もとだいくまち》、鷹《たか》匠町《じょうまち》などの職業由来の地名が、旧市街に目立つ。

## 「骨屋町」にびっくり

これらの職業地名の中には、なかなか地方色豊かなものもある。たとえば、梵鐘《ぼんしょう》や銅像、仏壇などに関わる金属加工業が盛んな富山県高岡市には、中心部に金屋町《かなやまち》があり、今でも銅器店や鋳造所が目立つ。町内には高岡市鋳物資料館もある。

また、京都・西本願寺の門前には珠数屋町《じゅずやまち》や仏具屋町《ぶつぐやちょう》が並んでいて、今でも数珠（町名は字が逆）や仏具を買うことができる。同じ京都市内には骨屋町《ほねやちょう》（骨屋之町）が4カ所もあって驚かされるが、こちらは人間の骨ではなくて、扇子の骨（扇骨）を作る職人町だ。他にも、静岡名産の茶を扱う問屋が集まった静岡市葵区茶町《ちゃまち》、台所方役人の居住地であった鳥取市庖丁人町《ほうちょうにんまち》、メンテナンス業として刃物を研ぐ職人が集まった岡山市北区磨屋町《とぎやちょう》など、さまざまな職人町が今も全国各地に息づいている。

外来語地名

# 訳し、訳され

## 外国語表記で、日本人が得心する

駅名の表示には、戦前からローマ字が記されてきたが、最近は中国語やハングルを併記したものが目立つ。

たとえば、小田急多摩センター駅は「小田急多摩中心（本来は簡体字。以下同様）」と記されている。なるほど、片仮名は日本固有の文字だから、そこだけ読めなければ不親切だし、かといって「センター」の発音を漢字化するのも妙なものだ。

千葉ニュータウン中央駅は「千葉新城中央」で、これも中国語の翻訳。城は都市を意味する。もっともJR南武線の武蔵新城駅《むさししんじょう》（川崎市中原区）を逆翻訳？したら「武蔵ニュータウン」になってしまいそうだが。

大阪市のウォーターフロントにある大阪メトロ中央線と南港ポートタウン線が乗り入れる**コスモスクエア駅の中国語表記は「宇宙広場」だそうで、これなど外国語に不慣れな日本人に「なるほど、そんな意味だったのか」と納得させる効果があるかもしれない。**

## 片仮名地名の意図を想像してみれば

**外来語に由来する地名がどれだけあるか把握するのは難しい。中国語が古代から日本語の中に溶け込んでいるためである。**

**しかし、戦後になって急増している欧米系の外来語は、おおむね片仮名だから目立つ。**市町村では山梨県の南アルプス市だけであるが、市内の町名としては特に新興住宅地に多い。横須賀市のハイランド（1975年）や、さいたま市西区プラザ（1984年）などだいぶ古株で、札幌郊外の江別市《えべつ》には、豊幌《とよほろ》はみんぐ町（2000年）という平仮名版もある。平成に入ってからは平仮名が目立つ印象で、岐阜市三輪ぷりんとぴあ（１９９２年）、下関市あるかぽーと（１９９５年）、福岡県宗像市くりえいと（２００１年）など少しずつ増えている。

滋賀県湖南《こなん》市にはサイドタウン一丁目～四丁目が２００８（平成20）年に誕生した。名神高速道路に面した「ハイウェイサイドタウン」を短縮したもので、以前は菩提寺という大字の一部だったが、新旧でずいぶんと印象が違うものだ。「輪島塗」で知られる石川県輪島市も、埋立地の新町名にマリンタウンと命名した（２００４年）。岐阜県各務原《かかみがはら》市には、２００８（平成20）年にテクノプラザという町が誕生しているが、もとは須衛町などの一部であった。古くは須恵器の産地だったことにちなむ地名なので、昔の職人技のテクノロジーが、プラザ（広場）として新装なって登場した、ということか。

# 本当に、地名を見ればわかるのか

## ――「危険地名」を妄信する危険性

### 「谷、窪、沼の地名が危険」は本当か

東日本大震災の後から、地形や地盤について関心が高まっている。それに乗じて地名と安全性を結びつけるような雑誌の特集や単行本も目立つようになってきた。**気になるのは、地名に用いられた谷とか窪、台、沼のような漢字だけを取り上げて、「危険な地名」や「安全な地名」を安易に判定する傾向である。**

震災以前の話だが、さいたま市では政令指定都市で行政区ができる際、見沼区《みぬまく》がやり玉に挙げられたことがある。市役所に脅迫状が届けられる騒ぎもあった。**「低湿地の**

**イメージで地価が下がる」というのが反対派の主張であった。**見沼区は結局実現したけれど、最近になって「危険な地名」が注目されるに及んで、やはり別の区名にしておくべきだった、と悔しがっている人がいるかもしれない。

## 地名で一帯の安全度を議論するのは意味がない

しかしこれは筋違いというものだ。たしかに沼の付く地名の中には実際に沼がある（あった）所もある。しかし地名を付ける理由は周囲との区別であるから、何かその村のエリアに固有の特徴を求めるものだ。崖があったり、窪んでいたり、神木のクスノキがある、温泉が湧く、などさまざまだ。

**沼の地名も「村のエリアのどこか」に沼があり、それを特徴と捉えて命名されたと考えるのが自然だ。**しかし河童でなければ沼そのものに住むわけにもいかない。集落はおそらくその周囲に発達しただろう。それが沼の畔か、それとも沼を望む台地上かは場合によりけりで、**こうなってくると沼の付く地名を取り上げて安全度を議論することに意味がないことは言うまでもない。逆に、堅い印象の「台」の付く地名の中に、**

**低湿地が含まれる場合もある。**

われわれの先人は過去数百年に積み重ねられた災害の経験を子孫に伝え、コンピュータのシミュレーションなどなしに、土地の安全度を理解していた。**家を買うなら、ハザードマップより土地の「古老」の話に耳を傾けた方がいいかもしれない。**いずれにせよ、「地名にサンズイが付いていたら危険度が高い」などといたずらに不安を煽るような言説は典型的な「疑似科学」だということは強調しておきたい。

本書は、2022年より時事通信社から配信された「地名学で読む日本」、2011年より聖教新聞に連載された「地名をめぐって津々浦々」、2021年より共同通信社から配信された「今尾恵介の地名探検記」、2013年より季刊「たまら・び」（けやき出版）に連載された「地名が語るまちの変遷」を加筆修正のうえ再構成したものです。

おわりに

# 地名の「魔力」のトリセツ

『地名の魔力』を最後までお読みくださり、ありがとうございました。この書名は私が考えたものではなくて版元さん側の提案ですが、「魔力」とは言い得て妙だなと今さら感心しています。

本文でも述べましたが、２００３（平成15）年に埼玉県さいたま市が政令指定都市に移行した際、「見沼区」が誕生するにあたって、一部に強硬な反対がありました。**区名に「沼」が付くと不動産価値が下がるというのです。メディアで取り上げられたこともあり、市に脅迫状が届く騒ぎにもなりました。**

結局はそのまま見沼区になりましたが、「沼」がダメなら、「丘」や「台」が付けばいいのでしょうか。そもそも「沼」の付く地名は日本中に数え切れないほど存在します。中には神奈川県藤沢市の鵠沼《くげぬま》とか、川崎市の鷺沼《さぎぬま》など、高級住宅地の「ブランド地名」と捉えられているものもあります。ブランド地名といえば、福島県のある村に新たに住宅地が造成された際、「田園調布」と名付けたいという地元の動きもあり、「本家」である東京の田園調布会（自治会）に相談したら難色を示したため、**「田園町府」という別字を用いることで実現しました。これも地名の魔力でしょう。**

東京の銀座という地名にも「日本一の目抜き通り」としての大きな魔力があります。周辺住民や商業者たちは、銀座の仲間入りを望んできました。そもそも江戸幕府の銀貨鋳造所《ちゅうぞうしょ》に由来する当初の銀座（明治～大正時代）は、現在の中央通り沿いの一丁目から四丁目という狭い範囲でしたが、その後の関東大震災の復興事業に伴う町名地番整理で昭和初期に八丁目までと倍増し、西側の広い範囲も「銀座西」という町名に変わりました。東側にあった木挽町《こびきちょう》は、戦後に「銀座東」となります。1968（昭和43）年から翌年にかけて、「銀座西」「銀座東」はすべて「銀座」に統合されました。**銀座**

**の面積は、関東大震災前に比べて実に11倍に増えています。これが「銀座という地名の魔力」の何よりの証拠ではないでしょうか。**

さて、沼の話に戻ります。沼という単語は、「泥沼」などとして比喩的に用いられる場合、あまり良い意味ではありません。そんな背景もあってか、**青森県東北町の小川原沼が小川原湖に、北海道紋別《もんべつ》市のコムケ沼がコムケ湖に、福島県金山町《かねやままち》の沼沢沼が沼沢湖にと、次々と「沼」を「湖」に変える動きが進んでいます。**観光面でのイメージ悪化を回避したい思いが表われているのかもしれません。

**東日本大震災以後はさらに「地名の魔力」が増しました。「津波の地名」「浸水の地名」「崖崩れの地名」といった災害地名への注目度アップです。**私たちの祖先が地名を通じて警告しているという言説ですが、たとえば沼や川が付く地名であっても、カッパでもあるまいし、沼や川の中に集落を営んでいたわけではありません。沼や川を俯瞰する安全な台地かもしれないし、微高地である自然堤防上に集落を形成するのは普通のことです。

そもそも地名とは、**その由来となった「地点」はともかく、一定の広さをもつ領域にまたがった概念なので、地質や土地条件から見れば台地もあれば湿地もあり、砂地や段丘面など一つの地名の範囲に多種多様な土地が同居しています。**そんな多様性を擁するエリアを、「地名」だけに注目して土地の安全性を類推するなんて、科学的な装いでオカルトじみた言説を広めようとする「疑似科学」に過ぎません。

本書はテーマの異なる連載をまとめたものですから、そのあたりを十分に説明してはいませんが、併せて考えていただければ幸いです。地名には古代から数千年を超える歴史をもったものから、令和の現代に生まれたものまで混在しているのが実情です。**宅配便の宛名や契約書に記すのに頻繁に使う「日用品」であると同時に、「無形文化財」としての側面も併せ持っています。**

どちらかに特化すればコトは簡単でしょうが、地名というものは、その両面を認識しつつ、次世代に引き渡すべきものなので、取り扱いが難しい点が少なくありません。そんな「魔力」付きの地名というものを、本書を通じて少しでも考えていただくきっかけとなれば著者としては嬉しいことです。

最後になりましたが、本書の刊行に際して掲載を快諾いただいた共同通信社、時事通信社、聖教新聞社、けやき出版の各社には深く御礼を申し上げます。また編集を担当いただいたPHPエディターズ・グループ書籍編集部の日岡和美さんからは、刊行に向けてさまざまなご提案をいただき、動きの鈍い私にスピード感を与えていただきました。ありがとうございます。

2024（令和6）年8月　今尾恵介

ブックデザイン　小口翔平＋青山風音＋村上佑佳（tobufune）
組版　白石知美、安田浩也（システムタンク）

今尾恵介（いまお・けいすけ）

［地図研究家］

1959年横浜市出身。明治大学文学部ドイツ文学専攻中退。一般財団法人日本地図センター客員研究員、日本地図学会「地図と地名」専門部会主査などを務める。著書に『地図マニア 空想の旅』（集英社インターナショナル／第2回斎藤茂太賞受賞）、『今尾恵介責任編集 地図と鉄道』（洋泉社／第43回交通図書賞受賞）、『地名崩壊』（角川新書）、『地図帳の深読み』（帝国書院）、監修に『日本200年地図』（河出書房新社／第13回日本地図学会学会賞作品・出版賞受賞）など多数。

# 地名の魔力

## 惹きつけ、惑わす、不思議な力

2024年10月9日　第1版第1刷発行

| | |
|---|---|
| 著者 | 今尾 恵介 |
| 発行者 | 岡　修平 |
| 発行所 | 株式会社PHPエディターズ・グループ |
| | 〒135-0061 江東区豊洲5-6-52 |
| | ☎03-6204-2931 |
| | https://www.peg.co.jp/ |
| 発売元 | 株式会社PHP研究所 |
| 東京本部 | 〒135-8137 江東区豊洲5-6-52 |
| | 普及部　☎03-3520-9630 |
| 京都本部 | 〒601-8411 京都市南区西九条北ノ内町11 |
| PHP INTERFACE | https://www.php.co.jp/ |
| 印刷所 | 株式会社精興社 |
| 製本所 | 東京美術紙工協業組合 |


ISBN978-4-569-85791-6